Heinz Kleger

Gedankensplitter

Ein Schweizer in Potsdam

Für

Birgit, Paula, Max

ISBN: 978-3-749-48410-2

Impressum

Herausgeber: Heinz Kleger c/o medienlabor GmbH, Gutenbergstraße 62, 14467 Potsdam

Autor: Heinz Kleger

Umsetzung: Agentur Medienlabor, www.agentur-medienlabor.de

Bildnachweis: Umschlag: Andreas Klaer, S. 13: Churfirsten (©Dieter / Fotolia), S. 16 und 19: Privatarchiv, S. 25: Hochschulen Zürich (©iStock.com/SilvanBachmann), S. 35: Grossmünster (©iStock.com/Pisut_Veerahong), S. 41: Gymnasium Freudenberg (KEYSTONE/Franco Greco), S. 50: Zwingli (©fotoember / Fotolia), S. 56, oben: Demonstration (KEYSTONE/PHOTO-PRESS-ARCHIV/Str), S. 56, unten: Bunker Zürich (KEYSTONE/PHOTOPRESS-ARCHIV/Str), S. 81: Sven Peter, S. 111: Daniel Wetzel, S. 117: aus Neues Potsdamer Toleranzedikt 2008, S. 141: Dagmar Grütte, S. 163: Daniel Wetzel

1. Auflage, Oktober 2019

Erhältlich im Buchhandel und im Online-Buchhandel, sowie als E-Book.

Inhalt

Einleitung

Ich habe nie Tagebuch geführt, dazu fehlte mir die Zeit und die Disziplin. Nach meiner Pensionierung, als ich nichts Besseres zu tun hatte, habe ich mir die folgenden Gedankensplitter notiert.[1]

Im Leben bleibt vieles hängen, aber man muss älter werden, um beurteilen zu können, was wirklich wichtig war.

Im Rückblick sehe ich vier entscheidende Richtungswechsel. Ich bringe sie unter die folgenden Titel, die ich noch erklären werde:

- Cabaret Rotstift (1963)
- Zwingli, Dominikaner, Neue Linke (1966)
- Politische Philosophie in Deutschland (ab 1980)
- Potsdam (ab 1994)

So sieht mein kleines Puzzle aus, es ist gewissermaßen die Schatzkiste meines Lebens. Die *Gedankensplitter* haben thematische Bezüge untereinander. Es gibt Synthesen, vielleicht auch kleine Denkfortschritte in Bezug auf Elemente politischer Theorie. Natürlich stelle ich auch Fragen, und viele Fragen bleiben offen. Ansonsten sind Lebenserfahrungen im Verlauf der Zeit gemischt und widersprüchlich, Leben und Wirklichkeit sind facettenreicher als jede Theorie.

---

1 Im Folgenden werden alle Personenbeschreibungen in der maskulinen Version genannt, doch werden sie in einem geschlechterneutralen Sinne verstanden.

Der Text hat grundsätzlich eine chronologisch-autobiografische Ordnung: von Zürich nach Potsdam, was nur gelegentlich durchbrochen wird. Ab 1980 gibt es eine kontinuierliche Beschäftigung mit Philosophie und Politikwissenschaft, in deren Zentrum die Politische Theorie steht. Diese wiederum bezieht sich vor allem auf Deutschland und die Schweiz. Eine solche Kontinuität gibt es auf anderen Ebenen des Lebens nicht, was ebenso erfreulich sein kann.

Es ist schwierig, eine Kohärenz des Selbst in der Diskontinuität aufrechtzuerhalten. Nicht alles lässt sich zusammenfügen, was das Leben ausmacht, das ist auch beim theoretischen Leben so. Für den Lehrer und Wissenschaftler bleibt entscheidend, dass er Vorschläge, Anregungen und Hinweise geben kann, deren Beurteilung er anderen überlassen muss.

Ein paar kürzere Texte der letzten Zeit, die sich auf Potsdam und Berlin-Brandenburg als Region beziehen, habe ich angehängt.

1. Herkunft

Was sind die frühesten Erinnerungen, die man hat? Ich glaube, dass sie generell nur selten vor dem dritten Altersjahr liegen. In meinen frühesten Erinnerungen sehe ich mich allein mit meiner Mutter zuhause in Höngg, Kreis 10 in Zürich am Käferberg. Dort spazierten wir oft alleine auf einem Weg am Waldrand, und ich spielte mit meinem geliebten Lastauto aus Holz. Meine Mutter saß auf einer Bank und las in ihrer Illustrierten, während ich meinen Kipper mit kleinen Steinen füllte.

Sie hatte Zeit zum Verweilen, und wir hatten Zeit für uns. Ich war der kleine große Baumeister, den meine Mutter auch bei Wind und Wetter nur schwer von den Bauzäunen trennen konnte. In den 50er Jahren wurde viel gebaut, an diesen Baustellen konnte ich mich nicht sattsehen. Dort fuhren schwere Lastwagen in die Gruben; Kräne und Bagger arbeiteten zusammen, und ich bestaunte die Bauarbeiter. Meistens war ich an der Hand meiner Mutter, wenn ich nicht gerade ins Spielen vertieft war. Natürlich gab es auch einen obligatorischen Sandkasten vor dem Haus, in dem andere Kinder spielten. An sie erinnere ich mich nicht mehr. Der Vater war abwesend. Damals fuhr er noch mit dem Fahrrad frühmorgens von Höngg nach Sellnau in die Fabrik, was ein weiter Weg durch die Stadt war. Abends war er zum Essen wieder zuhause.

Eine kurze Zeit, die mir heute deutlicher vor Augen steht, wohnten wir in Altstetten Kreis 9 in einer kleinen Parterre-Wohnung. Ich ging noch nicht in den Kindergarten, und meine 8 Jahre jüngere Schwester war noch nicht geboren. Wiederum verbrachte ich den ganzen Tag mit meiner Mutter. Gerne muss ich sagen. Es gab noch keine Streitereien wie später während der Schulzeit. Jetzt kann ich mich schon an viele Einzelheiten erinnern: wo wir einkaufen gingen und wie Altstetten damals aussah. Meine Mutter und ich gingen täglich in den Lebensmittelladen (LVZ) in der Nähe, wo sie fleißig ‚Märkli' sammelte.

Einmal in der Woche besuchten wir den Markt auf dem großen Platz, wo auch ein Brunnen und ein Kiosk standen. Darum herum gab es Geschäfte, sogar einen Spielwarenladen von Franz Carl Weber (das bekannte Hauptgeschäft war in der Bahnhofstraße), dessen Schaufenster mich am meisten interessierte. Dort sah ich die Spielzeuge, die ich mir zu Weihnachten wünschte.

Am Sonntag ging ich mit meinem Vater regelmäßig in die Kirche. Meine Mutter blieb Zuhause, sie ging nicht mehr in die Kirche, seitdem sie von Nonnen gequält worden war. In dieser Zeit hatte ich noch keine Freunde, es war insgesamt eine lange und reine Mutter-Sohn-Zeit, die ich als Einzelkind sorgenfrei erlebte. In der Nähe unserer Wohnung wurde die Rauti-Straße und ein Schulhaus gebaut. Die vielen Erdhügel und Sandhaufen waren für mich und meine kleinen Autos ein Paradies.

Nach Letzigraben und Altstetten zogen wir an den Wydäckerring (alles Kreis 9), wo wir während meiner ganzen Schulzeit wohnten, zunächst in einer drei ½, später in einer vier ½ Zimmerwohnung. Diese Straße war tatsächlich ein Ring, der vom Letzigraben abführte und später wieder in ihn hinein. Hier ging ich in den Kindergarten, der ins Letzi-Schulhaus eingebaut war und in die Primarschule (1.-3. Klasse und 4.-6. Klasse).

Die Kinder in der Umgebung bildeten Spielgruppen. Es spielten Kinder verschiedenen Alters zusammen auf Plätzen, die heute Stellplätze für Autos sind. Es war ein buntes Treiben, von da an war ich nicht mehr allein. Wir konnten uns die Zeit nach der Schule vertreiben, wie es Kinder heute nicht mehr können. Der Autoverkehr war gering, und die Eltern hatten keine Angst, uns draußen freien Lauf zu lassen. Uns war selten langweilig, denn es gab noch Wäldchen und Wiesen, genug natürliche Abenteuerspielplätze.

Bald tauchten die ersten schwarzen Fahnen am Straßenrand auf, an Stellen, wo es Verkehrstote, meistens Kinder, gab. Diese Fahnen, die mir Angst machten, häuften sich, ebenso wie die Belehrungen der Kinder durch Polizeiwachtmeister, worauf sie auf dem Schulweg zu achten hatten. Die Stadt entwickelte Konzepte, wie dem aufkommenden Verkehr, der von Jahr zu Jahr schneller zunahm und seine Opfer forderte, zu begegnen war.

Am Wydäckerring wuchs ich mit Gabor Szirtes und Reto Finkbeiner auf, mit denen ich auch ans Gymnasium Freudenberg ging. In den

Frühlingsferien putzten wir oft gemeinsam Schulhäuser, um etwas dazu zu verdienen. Völlig überraschend und selbst für die Ärzte unwahrscheinlich, starb Gabi an einem Herzversagen. Und Reto, der einer der besten Schwimmer war, ertrank ein Jahr später in einem Strudel der Reuss. Diese Tode in so jungen Jahren unter solchen Umständen konnten wir nicht begreifen, sie sind auch nicht zu begreifen.

Der Vater von Gabor war ein ungarischer Flüchtling (1956), von denen Zürich viele aufgenommen hatte. Er arbeitete als Schuhmacher im Quartier. Die Mutter von Reto hatte schon ihr erstes Kind direkt vor ihrer Wohnung am Wydäckerring durch einen Verkehrsunfall verloren, der einer der ersten im Quartier war. Reto war ein Prachtsbursche, sowohl als Schüler wie als Sportler. Ich habe ihn nicht vergessen. Es gibt Schicksalsschläge, bei denen man sich fragt, wie Menschen sie verkraften können.

Als Theoretiker fallen mir heute zwei Stichworte von Philosophen dazu ein: Religion als Kontingenzbewältungspraxis (Lübbe) und die Beschreibung des Menschen als trostbedürftiges Wesen (Blumenberg).

Meine Eltern stammen beide aus dem Obertoggenburg. Sie haben sich in Wattwil, dem Umsteigebahnhof nach Zürich, kennengelernt. Beide sind sie dort im Regionalspital, welches immer wieder abgeschafft werden sollte, gestorben. Deutsche Ärzte haben sie in den langen Wochen ihres Sterbens gepflegt.

Vom Elternhaus meines Vaters, einem ‚Heimetli' namens ‚Scherhalden', in der Nähe von Neu St. Johann, sieht man direkt die wunderschöne Bergkette der sieben Churfirsten. Das Tal der Thur von Wil bis Wildhaus lebt von diesem wunderbaren Blick. Die Churfirsten sind inzwischen das Logo des Toggenburgs. Die Weber- und Spinnereien in den Dörfern samt der Heimindustrie, die eine bewegte Geschichte hinter sich hat, gibt es nicht mehr. Die jungen Menschen wandern nach Zürich ab und selbst die heimelige Regionalbahn nach Nesslau will man einstellen. Das gelbe Postauto indessen gibt es noch in alle Richtungen – zur Schwägalp genauso wie ins Rheintal. Es ist ein Wahrzeichen der Schweiz.

Jeder Toggenburger übt von klein auf die Namen der sieben magischen Berge in der richtigen Reihenfolge, von links nach rechts: Chäserugg, Hinterrugg, Scheibenstoll, Zustoll, Brisi, Frümsel, Selun (2200 bis 2300 m. ü. M.).

Den Kleinen haben es die Eltern beigebracht. Wenn man älter wird, vergisst man einige Namen wieder. Dagegen behält man die Namen der erfolgreichen Skifahrer ein Leben lang, Maria Walliser zum Beispiel. Die beiden Skispringer aus dem Toggenburg, Walter Steiner, der „Vogelmensch", und Simon Ammann, der Doppel-Olympiasieger, sind weltbekannt. Der einzige König der Schweizer hingegen nicht: Nur Schweizer kennen ihn, den Schwingerkönig Jörg Abderhalden, hauptberuflich ist er Schreiner. Als ich noch nicht zur Schule ging, halfen meine Eltern im Sommer beim Heuen auf der Scherhalden. Mein Vater schnitt mit der Sense das Gras am steilen

Die sieben Churfirsten.

Hang, worin er ein Meister war. Später wurde das Heu gemeinsam in die Scheune gebracht. Die ganze Verwandt- und Nachbarschaft half mit, denn Maschinen gab es noch nicht.

Die wenigen Ausflüge führten regelmäßig auf die Schwägalp unterhalb des ‚Säntis‘ (2502 m. ü. M.), dem höchsten Berg im Alpstein, und in die weitläufige Alp Sellamatt am Fuße der Churfirsten. Später habe ich dort jeden Flecken kennengelernt – durch das Skifahren und das Militär.

Die Schweiz war nicht immer reich. Meine Eltern haben die Armut noch gekannt, und als Kind habe ich sie in den 50er Jahren im Toggenburg gesehen und am Rande miterlebt. Heute weiß ich, was *Komfort* bedeutet, dessen Ansprüche von Jahr zu Jahr gewachsen sind. Ohne Materialismus kein Postmaterialismus.

Meine Mutter (geb. 1926), die früh Vollwaise wurde, war eine kleine resolute Frau. Sie legte sich mit mir als Schüler immer wieder an. Ich war einer, der mit dem Kopf durch die Wand wolle, sagte sie. Sie hatte es nicht einfach mit mir, wie ich zugeben muss. ‚Maulen‘ war denn auch die häufigste Sünde, die ich zu beichten hatte.

Meine Mutter übernahm nicht nur den Haushalt, sondern auch die Erziehung, während mein Vater die langen Tage in der Fabrik zubrachte, um bezahlte Überstunden zu sammeln, die von der Stechuhr sorgfältig registriert wurden. Der Fixlohn in der Textilindustrie war niedrig. Ich liebte meinen Vater, während ich mit meiner Mutter oft Streit hatte. Sie wollte, dass aus mir ‚jemand‘ wird und achtete besonders auf die Kleidung. Sie stachelte mich an mit den Worten: „wir hätten ja heute alle Möglichkeiten“. Ohne sie wäre ich nicht ins Gymnasium gekommen, als erster in der Familie.

Meine Mutter wollte nicht älter werden. Einen Seniorenpass hätte sie nie beantragt.

Mein Vater (geb. 1924) hielt sich aus der nervenden Haushalts- und Erziehungspolitik heraus. Er ‚chrampfte‘ oder wie man in

Deutschland sagt: ‚malochte' für die Familie und war als gütiger Vater sowohl präsent als auch abwesend. Meine Mutter hingegen führte die teils heftigen Auseinandersetzungen mit mir und meiner Schwester, die schon mit 16 Jahren – aufgrund von Zerwürfnissen mit der Mutter – nach Brüssel ging. Sie wagte den Streit, während mein Vater seine Ruhe brauchte. So verlernte er das Streiten und wurde gleich aufbrausend.

Einmal in der Woche studierte mein Vater die 10 bis 15 Wahl- und Abstimmungszettel, die er am Sonntag nach dem Kirchgang in die Urnen warf. Meine Mutter kümmerte sich nicht darum, obwohl sie weit politischer und unkonventioneller war als mein Vater. Sie hatte zu allem eine Meinung. Auch als das Frauenstimmrecht auf Bundesebene 1971 endlich eingeführt wurde, beteiligte sie sich nicht, hatte aber deutliche politische Urteile. Sie blieb zeitlebens eine Wutbürgerin, die nicht auf die Straße ging.

Als meine Mutter in einer ihrer Illustrierten beim Frisör unter der Haube einmal las, dass ein prominenter Sozialdemokrat, nach seiner Beförderung bei der Bundesbahn, mehr als dreihunderttausend Franken im Jahr verdienen würde, war sie ‚fertig' mit den Linken. Empört sagte sie zu mir: „Siehst Du, die sind genauso wie die anderen!".

Meine Eltern warnten mich vor der Politik. Sie sagten, ich solle die Hände davonlassen.

Heimetli ,Scherhalden´ im Toggenburg.

Mein Vater nahm die direkte Demokratie *ernst*, indem er die Nachrichten hörte, eine Tageszeitung abonniert hatte (den ,Tages-Anzeiger') und gelegentlich am Abendtisch politisierte. Er ging fast regelmäßig abstimmen, obwohl er eigentlich kein politischer Mensch war: Weder gehörte er einer Partei an noch favorisierte er eine; auch Gewerkschaftsmitglied war er nicht, wie die meisten Arbeiter in der Textilindustrie.

Die meisten wählten damals im Toggenburg die CVP, die Christliche Volkspartei, deren Bastionen heute alle die EU-kritische SVP übernommen hat. An dieser Tradition hielt mein Vater auch in Zürich fest, obwohl er weniger eine Partei als vielmehr Personen wählte, die er von irgendwoher kannte und die ihm zuverlässig schienen.

Was ist ein politischer Mensch? Ich muss mich korrigieren: Mein Vater war ein politischer Mensch, wenn auch nur am Rande, wie so viele. Nein, nicht nur am Rande, ich muss mich wieder korrigieren: Er war ein *guter Bürger*. Wenn dies heute der Durchschnitt wäre, müsste man sich um die (direkte) Demokratie keine Sorgen machen.

Die politische Theorie stellt sich unter dem politischen Menschen zu viel und oft falsches vor. Das ist vielleicht das Problem.

Meine Mutter sprach nie über ihre Kindheit und Jugend, obwohl ich sie danach gefragt hatte. Wahrscheinlich wollte sie nur davon loskommen, auch von der Erinnerung daran. Die Zeit der 50er und

6oer Jahre ermöglichten ihr, bei anfänglich noch bescheidenem Wohlstand, in die Zukunft zu schauen. Sie war deshalb nie ganz zufrieden und wollte immer noch ein bisschen mehr. Diesen Ehrgeiz hat sie an uns weitergegeben. In der Relation von Vergangenheit, Gegenwart und Zukunft hatte *die Zukunft* bei ihr eindeutig die Oberhand.

Für meine Eltern und für viele ihrer Generation war früher nichts besser. Von den guten alten Zeiten hörte ich sie nie sprechen. Für ‚Erinnerungskultur' hätten sie sich nicht interessiert. Heimat war für sie die *Stadt Zürich* geworden – mit ihren *Versprechen*.

Apropos idyllische ländliche Alpenschweiz: Inzwischen wird jede Sekunde ein Quadratmeter zubetoniert. Die Mittellandschweiz ist ein Metropolenraum geworden von Zürich bis Genf: ‚Metropole Schweiz' mit der kleinsten ‚global city' der Welt: Zürich, meine Heimatstadt, in der ich geboren wurde und aufgewachsen bin.

Zum Glück hatte mein Vater, als er in Zürich Arbeit fand, das kantonale Bürgerrecht erworben, was mir später Vorteile verschaffte. Er und meine Mutter waren gewissermaßen Doppelbürger in der Schweiz: Sankt Galler und Zürcher.

Mein Vater war nicht derart zukunftsorientiert wie meine Mutter, die immer mehr wollte im Horizont einer besseren Zukunft. Er ging in der Gegenwart des harten und langen Arbeitsalltags auf. Zwar genoss auch er, angestachelt durch meine Mutter, die Früchte des

Fortschritts. Sein Ehrgeiz blieb indessen begrenzt und seine Zuverlässigkeit groß.

Meine zähe und fleißige Mutter half mit, das Haushaltsgeld aufzustocken, mit Teilzeitarbeit als Kellnerin, Verkäuferin und Putzfrau. So kam mit viel Arbeit (vor allem den Überstunden meines Vaters) das zusammen, was sie ab den 60er Jahren mit vielen anderen genossen: Eine moderne drei ½ Zimmerwohnung, den ersten Fernseher, das erste Auto, die ersten Ferien in Italien, Spannteppiche und Wandschränke in der Wohnung und vieles andere, was das Alltagsleben veränderte. Und natürlich wurde auch und vor allem

Der Webermeister vor dem Jacquard-Webstuhl.

in die Bildung der Kinder investiert: *Sie* sollten es einmal besser haben.

Mein Großvater (geb. 1888) besuchte uns nur einmal in Zürich. Wir wohnten noch am Letzigraben im oberen Teil. Da unternahmen mein Großvater und ich einen langen Spaziergang, den Letzigraben hinunter am Letzibad und Letzigrund vorbei bis zum großen Schlachthof hinter der Ostkurve des Stadions. Von Weitem schauten wir zu, wie dort Pferde getötet wurden. Im Quartier gab es eine Pferdemetzgerei, ich habe aber nie Pferdefleisch gegessen.

Im letzten Lebensjahr musste mein Vater seinen Vater an einen Ort bringen, wohin aus dem Toggenburg niemand wollte: Es war die berühmte psychiatrische Klinik in Wil. Mein Großvater, der pflegebedürftig war, sträubte sich, sein ‚Heimetli‘ zu verlassen, wo er in einer 15köpfigen Familie aufgewachsen war. In Wil wollte er nicht sterben. Wir besuchten ihn noch ein paar Mal, bevor er dort in einem riesigen Schlafsaal starb.

Meine Großmutter habe ich nie kennengelernt. Sie stammte aus einer sehr katholischen Bauernfamilie und hatte einen ganz anderen Hintergrund als mein Großvater, der zu den Stickern gehörte, deren Industrie, vormals in der Ostschweiz und am Vorarlberg beherrschend, sich nach der Weltwirtschaftskrise nicht mehr erholte. In seinem ‚Heimetli‘ war im Keller ein großes Stickerei-Lokal, während die Scheune relativ klein war.

Großvater Konrad war kein Bauer, und ich konnte als Kind beobachten, was das bedeutete, wenn die Verwandtschaft zu Besuch kam. Kleider, Sprache, Verhalten, ja sogar die Hände waren ganz anders. Die Hände der beiden Konrads waren klein und fein, sie hatten keine Melker-Daumen. Sie fluchten selten und nicht so krass wie ihre Verwandten. Ihr Verhalten gegenüber Kindern war nicht grob. Sie waren zwar nicht gebildet, aber auch keine Grobiane. Die Distanz zur katholischen Kirche war größer, sie waren nicht bigott. Mit dem Umzug in die Stadt vergrößerten sich diese Unterschiede zwischen Arbeitern und Bauern.

Eine Geschichte hat mir mein Großvater immer wieder erzählt, sie wurde für ihn zum politischen Trauma: Die Geschichte des Generalstreiks 1918. Er war mit seinem Gebirgsschützen-Bataillon nach Winterthur vor die Maschinenfabrik Rieter kommandiert worden. Die Bauern aus dem Toggenburg sollten gegen die Arbeiter vorgehen, was meinen Großvater in einen Konflikt brachte. Der einzige Sozialdemokrat in der Kompanie, der zugleich sein Unteroffizier war, löste ihn, indem er der Gruppe befahl, weit über die Köpfe zu schießen, wenn es ernst werden sollte.

Ernst wird es immer, wenn es um Tod oder Leben geht. Auch der *analytische Krisenbegriff* ist ernst gemeint: Man weiß nicht mehr, wie es weitergeht und investiert deshalb nicht in die Zukunft. Probleme und Krisen sind nicht dasselbe. Leben (und Politik ohnehin) ist Problemlösen. In Deutschland wird dagegen auf hohem Niveau der Krisenbegriff inflationiert trotz guter volkswirtschaftlicher Rahmendaten.

Wie wird in Deutschland gesprochen werden, wenn das Land tatsächlich in eine Krise, und sei es ‚nur‘ eine Rezession, gerät?

Die beiden pflichtbewussten Konrads waren typischerweise Gefreite im Militär. Sie bekamen einen gelben Balken am Ärmel als Auszeichnung für ihre Zuverlässigkeit ohne Ambitionen.

Beide gehörten zur sogenannten Aktivdienstgeneration, die, je niedriger der Rang war, umso mehr an die Wehrbereitschaft der Schweiz glaubte: Großvater im ersten Weltkrieg, als sich die Schweiz zwischen französischsprachiger Romandie und der deutschen Schweiz spaltete („Obersten-Affäre“); mein Vater am Monte Brè an der Grenze zu Italien in den letzten Jahren des zweiten Weltkrieges, wo sie vor allem mit Schmugglern zu tun hatten.

Unser erstes Auto war ein schwarzer Ford Taunus 17 M. Ich nannte ihn ‚Hannibal‘, weil mein Vater mit ihm die Alpenpässe überquerte, um in der Mitte der 60er Jahre erstmals Ferien an der Adria genießen zu können. Wir waren 3 Mal in Bellaria. Er war stolz darauf, möglichst viele Alpenpässe zu fahren (Lukmanier, Großer Sankt Bernhard, Susten, Flüela u. a.). Mein Vater blieb ein Leben lang der Marke Ford treu so wie andere Opel oder VW. Am Samstagnachmittag wurde das Auto vor der Garage jeweils liebevoll gewaschen und gepflegt, zusammen mit vielen anderen Vätern.

Nach dem ersten Auto kam der erste Fernseher. Beide veränderten alles, was man heute deutlicher sehen kann.

Ich bin ein Fernsehkind. Mit der Zeit ließen meine Eltern immer mehr zu. Für mich war und ist Fernsehen ein Fenster zur Welt. Ich beziehe viele Informationen live aus dem Fernsehen. Es ist ein Quellenstudium, wenn man sich die Reden und Debatten der Politiker anhört. Gewisse Details, die aufschlussreich sind, kann man direkt sehen: Steve Bannon im Hintergrund, als Trump seine Kündigung des Pariser Klimaabkommens verkündet, ist ein Beispiel. Bannon im Hintergrund, als Trump die vier von Clinton angeblich vergewaltigten Frauen präsentiert, ein anderes Beispiel. Man sieht buchstäblich, *wer* die Fäden zieht und die (Selbst-)Darsteller verschmitzt agieren lässt.

Allerdings haben auch die schärfsten Kulturkritiker Recht bekommen: „Wir amüsieren uns zu Tode" (Postman) oder „Tyrannei der Intimität" (Sennett).

Damals begann die beschleunigte Entwicklung der Aufstiegsgesellschaft und mit ihr der Mentalitätswandel durch das Fernsehen mit immer mehr Programmen und immer mehr Werbung. Die Fernsehgeschichte ist ein Teil der (Familien-)Geschichte geworden.

Zwischen die Traditionen und deren Hermeneutik schiebt sich zunehmend die Hyperrealität der Medien, die unser Bewusstsein verändert. Schnell ist von ‚neuen Zeitaltern' die Rede, obwohl es sich nur um die neuesten Trends handelt. Wir suchen Orientierung zwischen Trends und Traditionen, von denen viele gebrochen, aber nicht unterbrochen sind. Am ehesten aber schwimmen wir irgendwie mit.

2. Cabaret Rotstift

Die richtigen Zürcher nennt man ‚Zürihegel‘. Das ‚e‘ in ‚hegel‘ wird kurz gesprochen im Unterschied zum Namen des berühmten Philosophen. Da ich in Zürich geboren wurde, bin ich potentiell ein ‚Zürihegel‘, aber nicht alle Zürcher sind ‚Zürihegel‘, und ‚Zürihegel‘ kann man auch werden, ohne in Zürich geboren zu werden. Meine Sozialisation zum ‚Zürihegel‘ besorgte der Volksschullehrer *Jürg Randegger* von der vierten bis zur sechsten Klasse. Er war für mich ein Glücksfall.

Randegger ließ uns nicht nur die Stationen sämtlicher Zürcher Tramlinien auswendig lernen, er machte uns auch mit den verschiedenen Quartieren, Plätzen und Gebäuden der Stadt bekannt. Das Fach hieß bezeichnender Weise ‚Realien‘. Nicht nur theoretisch, auch praktisch kamen wir somit aus unseren Quartieren und Straßen heraus und lernten tatsächlich – fürs Leben! – unsere Stadt kennen. Ich bin ihm noch heute dankbar dafür.

Ein Stadtrundgang mit der Tram ist zu empfehlen: Mit der Tram 13 ins Albisgüetli, Panoramaweg zum Triemli, von dort ins alte Albisrieden, mit der Tram 3 wieder in die Innenstadt, Schipfe hoch, Niederdorf runter, mit der Polybahn auf die ETH-Terrasse und ein kurzer Besuch im Lichthof der Universität.

ETH und Universität in Zürich.

Viele ‚Zürihegels' sind auch FCZ-Fans. Also traf ich meinen Lehrer fast jedes zweite Wochenende, damals noch auf den Stehplätzen im Stadion Letzigrund, als ich leere Flaschen sammelte, um mein Taschengeld aufzubessern. Der Fußball verband uns.

Es war die große Zeit des FC Zürich mit Köbi Kuhn, dem besten Schweizer Fußballer, und Martinelli im Mittelfeld, Grob im Tor, Fritz Künzli und Botteron im Sturm. Ein Stürmer hieß sogar buchstäblich ‚Stürmer', Klaus Stürmer nämlich vom Hamburger SV, der früh verstarb und ein enger Kumpel von Uwe Seeler war. Den Fallrückzieher, mit dem Stürmer aus großer Distanz ein Tor erzielte, werde ich nie vergessen. Ibrahimovic hatte Vorläufer.

Fritz Nägeli war legendärer Präsident des Zürcher Fußballklubs. Er hatte immer einen Stumpen im Mund und ein Auge für talentierte Fußballer aus der Provinz. Sein Tabakgeschäft am Stauffacher gibt es nicht mehr.

Die 50er Jahre werden als heftige und schnelle Umbruchszeit erlebt. Es sind neue Wachstumserfahrungen, die zwar gewünscht, aber nicht geplant waren. Deshalb spricht man vom Wirtschaftswunder. Dabei handelt es sich nicht nur um eine neue Wachstumsdynamik, sondern geradezu um eine Wachstumsbeschleunigung. Dieser Sachverhalt lässt sich für ganz Europa anhand von Indikatoren wie Bruttosozialprodukt, Flächenbedarf, Schadstoffbelastung von Böden, Wasser und Luft usw. messen. Diese Wachstumsbeschleunigung tritt in den langen 50er Jahren auf unterschiedlichen Gebieten zutage. Man kann deshalb zurecht von einem Weg in eine *neue Gesellschaft* sprechen, die als *Konsumgesellschaft* bezeichnet werden kann. Sie lässt sich genauso als *Wohlstandsgesellschaft* ansprechen, da es intentional um die Mehrung des Wohlstandes und der daraus sich ergebenden *Lebenschancen* geht. Im Kern handelt es sich immer noch um unsere heutige Gesellschaft, die sich von der *alten Industriegesellschaft* absetzt.

Zur Charakterisierung dieser heutigen Gesellschaft hat der Begriff

‚Konsumgesellschaft' den Vorteil, inhaltlich nicht präjudizierend zu sein und doch nicht nur bloß auffällige Einzelaspekte in den Vordergrund zu rücken (etwa die zunehmende *Freizeit*gesellschaft, *Automobil*gesellschaft, *Medien*gesellschaft, *Risiko*gesellschaft usw.). Diese neue Gesellschaft verändert die Lebensweise der Menschen tiefgehend. Die Massengesellschaft im Sinne der großen Vielzahl wird zu einer Gesellschaft des Massenkonsums, so dass es angemessen ist, von einer Konsum- und Erlebnisgesellschaft zu sprechen, sofern dies nicht lediglich kulturkritisch gemeint ist. Der Kapitalismus erfüllt den Traum vom Hedonismus auf Erden, den die Utopie des Kommunismus lediglich für die Zukunft verhieß.

Dabei darf nicht vergessen werden, dass das Moment Konsumgesellschaft kein Gegensatz zur Industriegesellschaft bildet. Vollkommen falsch wäre die Gleichsetzung von Konsumgesellschaft mit postindustrieller Gesellschaft. Weshalb? Weil bereits im 19. Jahrhundert die Zunahme des Konsums genauso wie die Zunahme der Produktion als eine gewünschte und für die weitere industrielle Entwicklung notwendige Folge des Industrialisierungsprozesses betrachtet wurden.

Die Industriegesellschaft impliziert bereits im 19. Jahrhundert einen modernen Hedonismus, der sich vom *Müßiggang* der vorindustriellen Gesellschaft scharf abhebt. Es ist ein Konsumhedonismus, der zur *Leistungsmoral* nicht im Widerspruch steht. Heinrich Heine (1797-1856) forderte deshalb bereits „Zuckererbsen für jedermann, sobald die Schoten platzen! Den Himmel überlassen wir den

Engeln und den Spatzen." Konsum ist hier nicht länger als ein Privileg arbeitslosen Einkommens, vielmehr als ein legitimer Verzehr der *Früchte eigener Leistungen* zu sehen. Es sollte sich zu einem Privileg für alle, die arbeiten, entwickeln (*Arbeits*gesellschaft). Heine, der fromme Aufklärer und aufklärende Popularphilosoph, pflegte selber diesen Hedonismus und wollte, dass auch einfache Menschen ihn pflegen können. Er konstruierte deshalb den Genussmenschen, der aus einfachen Verhältnissen stammt, was eine Demokratisierung des antiken Hedonismus ist. Dieses Paradies auf Erden ist kaum etwas anderes als unsere Konsumgesellschaft, deren Verteufelung als „materialistisch" tief in der deutschen Kulturkritik wurzelt.

Wenn meine Mutter mich in Berlin besuchte, wollte sie immer zwei Orte sehen: den Zoo mitten in der Stadt und das ‚Kaufhaus des Westens' (‚KdW'), dessen oberstes Stockwerk ein wahres Schlaraffenland ist.

Als ich dann in die sechste Klasse kam, war es endlich so weit, dass ich mir mein Traumrad kaufen konnte, welches ich im Schaufenster eines Velomechanikers in der Stadt gesehen hatte: ein 5-Gang-Rad mit Rennsattel. Dieses rote Rad für 350 Franken musste es unbedingt sein und kein anderes, obwohl der harte Sattel wehtat.

Jürg Randegger gehörte zum Cabaret Rotstift. Eine bekannte Nummer hieß ‚Am Skilift', dort spielte er den (Klischee-)Deutschen, dem es nicht schnell und organisiert genug gehen konnte. Bei uns geht es „Zack, Zack-Organisation, verstehen Sie!" Eine kleine Schlange stand vor dem Skilift: zwei Bünzli-Schweizer, Jimmy Muff und ein Deutscher, den Randegger für Schweizer so treffend unsympathisch spielte, dass er später als „Rassist" gescholten wurde.

Um Missverständnissen vorzubeugen: Es gibt nicht nur ‚hässliche Deutsche', es gibt auch ‚hässliche Schweizer', ‚hässliche Franzosen', ‚Engländer', ‚Amerikaner', ja sogar ‚hässliche Italiener' usw. Generell gilt: Überall gibt es *solche* und *solche*, weswegen man immer *genauer* hinsehen muss.

Es fehlt heute nicht an Informationen, wohl aber an Anschauung und Erfahrung. Erfahrungen aus zweiter Hand, sekundäres Wissen und Halbbildung dominieren, woraus eine verschwatzte Kultur entsteht.

Das Cabaret Rotstift sammelte für die Ferienlager von Zürcher Schülern, deren Eltern sich keine Ferien leisten konnten. Ich selber war zweimal in einem solchen Ferienlager, allerdings sehr ungern. Massenlager habe ich nie gemocht, wo auch immer, ob im Militär oder in Skihütten. Ich bin ein Einzelgänger, der sich aber gerne zu politischen Kundgebungen versammelt, wenn es nötig wird.

Der bekannte Jimmy Muff alias Werner von Aesch war Volksschullehrer in Dietikon. Er spielte den ‚Halbstarken' aus dem Hallenstadion Oerlikon, immer ein bisschen ‚muff' (das heißt schlecht gelaunt), mit starken Sprüchen, ein Philosoph des Kalauers. Dieser witzige Wut-Zwerg und der persiflierende Randegger waren die Stars der Truppe, die viele Auftritte hatte, später auch am Fernsehen.

Für einen Jungen wie mich, der damals nichts mehr als Fußball liebte, war Randegger der ideale Lehrer. Er nutzte jede freie Minute, beispielsweise wenn die Mädchen in der ‚Husi‘ (Haushaltsschule) waren, um mit den Jungs Fußball zu spielen. Er genoss es so wie wir es genossen, auf der großen Wiese vor dem Schulhaus und im Winter in der Turnhalle. Es waren die schönsten Schulstunden meines Lebens. Als mein Sohn Max sieben Jahre lang bei Babelsberg 74, von den Minis an, Fußball spielte, konnte ich diese Zeit noch einmal aufleben lassen.

Meine Tochter Paula spielte ebenfalls Fußball bei Turbine Potsdam, bis sie nach einem Kreuzbandanriss und einem Spitalaufenthalt aufgab. Die Ambition dazu kam allein von ihr. Sie hatte Talent und zum ersten Mal im Leben habe ich im Karl-Liebknecht-Stadion guten Frauenfußball gesehen und schätzen gelernt. Turbine Potsdam ist Vorreiterin auf diesem Gebiet und ein wunderbarer Verein: „Nicht bloß Steine, sondern elf Beine.“

Inzwischen geht es auch im Frauenfußball wie überall um viel Geld, und Bundesligaklubs wie Wolfsburg oder Bayern München ziehen nach. Turbine hat einen schweren Stand und ist nicht mehr automatisch auf dem ersten Platz, aber immer noch unter den besten, mit treuen ostdeutschen Fans, die sich nicht unterkriegen lassen.

Da ich im Fach ‚Rechnen‘ allen etwas voraus war, benannte mich Randegger zum Turncustos. Ich durfte fortan in diesen Stunden öfters fehlen und die Turnhalle ein bisschen aufräumen, Bälle pumpen usw.

Bei den Zürcher Schülermeisterschaften im Fußball wurde der Randegger-Effekt sichtbar. Unser Schulhaus ‚In der Ey‘ wurde zweiter, und wir bekamen eine Medaille. Es war die einzige, die ich in meinem Leben gewann, leider ging sie verloren. Beim zweiten Anlauf in der sechsten Klasse wurden wir vierter, weil die meisten Gegner uns körperlich überlegen waren. Das führte zu meinem ersten Minderwertigkeitskomplex, den zweiten bekam ich am Gymnasium, aus anderen Gründen, den dritten im Philosophiestudium aus wiederum anderen Gründen.

Es war ein reiner Zufall (Losglück), dass ich nach der dritten Klasse zu Randegger kam und nicht etwa zu Graeser oder anderen. Ich glaube, mein Weg wäre sonst gänzlich anders verlaufen. Ich hätte wenig Freude an der Schulzeit gehabt und wäre deshalb nicht ins Gymnasium gekommen. Wahrscheinlich hätte ich eine Lehre gemacht als Drucker oder Weber oder sonst etwas, was mich in meiner Umgebung keineswegs unglücklich gemacht hätte. Eine Buchhändlerlehre wäre für mich ebenfalls in Frage gekommen, aber erst aus dem Rückblick nach dem Gymnasium und nicht aus dem damaligen Erwartungshorizont heraus, in dem Bücher keine Rolle spielten.

Ins Gymnasium bin ich nur gekommen dank dem guten Notendurchschnitt (5,6) bei Randegger und meiner resoluten Mutter. Mein Vater war zwar ein ‚Malocher‘, aber leistungsorientiert war er nicht. Zu meinem Zeugnis in der Primarschule sagte er nur: „Mich interessieren nicht die Noten, sondern vor allem die drei Balken darunter", wo es um Betragen, Pünktlichkeit und Fleiß ging. Die Zeugnisse am Gymnasium mit ihren vielen Noten schaute er sich gar nicht mehr genauer an, er unterschrieb sie nur noch.

In den 60er Jahren wollten die Arbeiter in der Schweiz nicht mehr *Arbeiter* sein, sondern etwas Besseres werden: zumindest Angestellte. Mein Vater, der vorher als Webermeister die Zeugnisse unterschrieb, erkundigte sich deshalb, ob er sich ‚Textiltechniker‘ nennen dürfe, obwohl er kein Technikum besucht hatte, sondern eine Lehre in der Weberei gemacht hatte. Er durfte, aber ohne Dipl., was ein kleines Beispiel ist für die große Thematik von ‚*Sein und Heißen*‘.

Wie darf was genannt werden? Und wer legt das fest? Dies wiederum gehört auch zur Problematik von Schein und Sein. Wie viel *Schein* für die Macht nötig ist, wusste schon der Renaissance-Mensch Machiavelli, der auch Theaterstücke schrieb, ganz genau. Einer seiner treffendsten Sätze lautet: „Der Mensch urteilt mit den Augen".

Heute sehen die Augen vor allem die Titel und Namen der Reputation (anstelle der Wahrheit) sowie die Zahlen des Marktwertes (anstelle von Gebrauchswert). Das Namedropping ist weit verbreitet, und die Jungs wachsen damit auf, dass 200 Millionen Marktwert gegen 10 Millionen Marktwert auf dem Fußballplatz spielen. So wird kommentiert und das sozialisiert: Kaderwert und Wertevergleich stehen am Anfang. Das zeigt auch, dass der Wertbegriff ökonomischen Ursprungs ist. Wer schafft die Werte? Was ist ein Wert wert?

Die ‚Rotstiftler‘ ebenso wie später der Luzerner Kabarettist ‚Emil‘, den die Deutschen besser kennen, persiflierten den sogenannten *Füdlibürger* oder *Bünzli*, weil sie ihn kannten, ohne ihn zu verachten. Was aber ist ein ‚Füdlibürger‘, und was ist ein ‚Bünzli‘?

Es gibt die verbreitete Angst, ein ‚Füdlibürger‘ zu werden. Ein ‚Füdlibürger‘ ist im Deutschen ein ‚Spießer‘, doch nicht ganz! Er ist die schweizerische Abart eines Spießers, und das macht einen Unterschied. ‚Füdli‘ heißt auf Deutsch ‚Arsch‘, ist aber lustiger gemeint. Denn der ‚Füdlibürger‘ ist kein Arschloch, und Jimmy Muff kann sagen, „wenn ich dein Gesicht sehe, bin ich mit meinem ‚Füdli‘ ganz zufrieden“. Genauer gesagt: nicht jeder ‚Füdlibürger‘ ist ein Arschloch und noch mehr gilt: nicht jedes Arschloch ist ein ‚Füdlibürger‘. Es gibt größere Arschlöcher als ‚Füdlibürger‘, das ist immer zu beachten bei der intellektuellen Spießerkritik.

Die Deutschen kennen den schweizerischen ‚Füdlibürger‘ meist als ‚Emil‘. Er macht den ‚Füdlibürger‘ in vielen Szenen zur sympathischen Lachnummer. Man muss zugeben, er ist ein einfacher Mann mit Bauernschläue. Er hat viel Schweizerisches an sich. Auch mit dem zusammenklappbaren Kinderwagen tut er sich schwer, natürlich gibt man dies nicht zu, man will sich ja nicht blamieren, obwohl man es dauernd tut. Der ‚Füdlibürger‘ ist ein Mix von Eigenschaften, er stammt aus allen Schichten, nur nicht aus den Oberschichten. Die Akademiker sind oft die langweiligsten ‚Füdlibürger‘, obwohl sie meinen, sie seien keine.

Der ‚Füdlibürger‘ ist mit dem ‚Bünzli‘ verwandt, er ist aber kein ‚Bünzli‘. Diesem fehlen der Witz und der Verstand. Der ‚Bünzli‘ ist ein heruntergekommener Kleinbürger und wirkt irgendwie sprachlos und stehengeblieben, ein ‚großes Kind‘. Er macht niemandem Freude und bringt keinen zum Lachen.

‚*Heimlifeiss*‘ ist ebenfalls ein schweizerisches Wort und eine typisch schweizerische Eigenschaft. Das Wort ist schwer ins Deutsche zu übersetzen. Die Schweizer sind für ihre Zurückhaltung und Diskretion bekannt. Sie protzen weder mit Reichtum noch mit Wissen und drängen sich selten in den Vordergrund. Mit diesem Verhalten verheimlichen sie vieles, darunter die Höhe ihres Vermögens und oft auch ihr Wissen. Sie sind heimlich reich und wissend. Sie agieren damit aber nicht extravertiert, was sie gar nicht nötig haben, denn sie sind ja ‚heimlifeiss‘. Ist das nun eine gute oder eine schlechte Eigenschaft? Ich würde sagen: beides.

‚*Heimetli*‘ ist gleichfalls ein bezeichnendes schweizerisches Wort für einen kleinen Bauernhof, meist an Hanglage und nicht im Dorf,

Grossmünster mit den Zunfthäusern in Zürich.

mit durchschnittlich zehn Kühen, drei Ziegen, freilaufenden Hüh-
nern sowie einer beneidenswert schönen Aussicht auf Bergland-
schaften, weshalb eine Sitzbank vor jedem Heimetli steht.

Dies ist ‚Heidi-Land‘, verbunden mit harter Arbeit, kargem Auskom-
men und einem Miststock vor dem schindelgedeckten Haus. Seit
den 70er Jahren kommt ein Traktor oder ein kleiner (Aebi-)Trans-
porter dazu. Seitdem kann auch eine größere moderne Scheune
gebaut werden. Ab 800m über dem Meer gelegen, wird sie vom
Bund subventioniert. Reine Planwirtschaft sagen Kritiker.

Diese Bauern, unter denen man ‚Tellensöhne' zu erkennen glaubt, sind weniger geworden. Sie sorgen dafür, dass unsere schönen Bergtäler nicht versteppen und leer werden. Kurt Gloor hat darüber einen Film gemacht: „Die Landschaftsgärtner" (1969). Abends brennen die Lichter in den Stuben, und man sieht die gegenüberliegenden Häuser im Tal. Diese Bauern wollen nicht, dass die Schweiz EU-Mitglied wird, denn dann gäbe es sie nicht mehr.

Nur noch die Schweizerische Volkspartei (SVP) glaubt, die freie und unabhängige Schweiz zu verteidigen. Sie fühlt sich gegenüber der EU in der Rolle von Churchill gegenüber dem damaligen Nationalsozialismus – der ‚schwarze Stiefel', der die Schweiz auf Plakaten besetzt.

Der Umgang mit Mythen ist schwierig. Arm dran ist, wer keine Mythen kennt. Mythen können aber auch bornieren und irreleiten. Harmlos werden sie zu einem Teil von einem selber, wenn man sie intellektuell kontrolliert. So geht es mir mit den Schweizer Mythen: mit dem guten Tell, dem Vierwaldstädter See als Wiege der Eidgenossenschaft, dem bescheidenen Rütli und der militärischen Selbstverteidigung. Dabei geht es nicht um Wahrheit, sondern um Bedeutung.

Die Schlacht am Morgarten 1315 war die erste Befreiungsschlacht der Eidgenossen und spielte nicht zufällig im zweiten Weltkrieg eine besondere Rolle. Dieser Zusammenhang ist klar. Weniger eindeutig jedoch ist, was jetzt Historiker sagen, es hätte diese

Schlacht nie gegeben. Ausgerechnet bei der 750 Jahrfeier auf historischem Gelände habe ich das gehört.

Unser Geschichtslehrer, Oberst im Generalstab, stellte uns diese Schlacht noch bildlich vor, indem er in die lockere Nagelfluh griff und die Steine auf die Habsburger Ritter hinunterwarf, die so in den Zugersee hineingetrieben wurden, wo sie mit ihren schweren Rüstungen auf verlorenem Posten waren. Das Réduit hatte sich so erstmals erfolgreich verriegelt und die *Freiheit* als Abwehr von Fremdherrschaft (fremde Vögte, fremde Richter) bewahrt. Die Schweizer sind *konservative Revolutionäre*, die Franzosen dagegen waren moderne. Daraus sind zwei Schweizen entstanden.

Auf die erste Freiheitsschlacht folgte die zweite bei Sempach 1386 im Kanton Luzern mit dem tapferen Winkelried, der gleich acht Spieße auf sich vereinte, um so seinen Eidgenossen eine Gasse freizumachen.

Die Eidgenossen haben viele Schlachten geschlagen, unter anderem gegen Karl den Kühnen, der bei Grandson sein Gut verlor, bei Murten seinen Mut und bei Nancy das Blut, obwohl sein Heer an Rüstung und Technik überlegen war. Die Schweizer waren begehrte Söldner, die oftmals heroisch auf der falschen Seite standen.

Die Schlacht von Marignano 1515 in der italienischen Lombardei beendete die Offensivkriege mit einer bitteren Niederlage gegen die Franzosen. Sie ist von unserem Geschichtslehrer nicht mehr so leidenschaftlich kommentiert worden, wie die vorangegangenen Schlachten. Die Niederlage hatte aber auch eine gute Seite, denn ein Jahr später unterzeichneten die 13 Kantone einen Vertrag mit dem französischen König, der ihnen einen ‚ewigen Frieden‘ bescherte.

‚*Heimweh*‘ soll eine klinisch registrierte ‚Schweizer Krankheit‘ sein. Wahrscheinlich stammt sie von Söldnern, die nur nach Hause in ihre ‚Heimetli‘ wollten.

Ein so kleines und kleinteiliges Land mit schöner vielfältiger Landschaft kann nur ‚*Heimatliebe*‘ auslösen, gleichgültig, ob man arm oder reich ist.

Heimat ja, aber nicht als unheimliches Gebiet. Auch die Heimat verändert sich. Ihr Kriterium ist Vertrautheit, vielleicht sogar Geborgenheit. Dies setzt aber voraus, dass man ohne Angst so sein kann, wie man ist. Das wiederum gilt für alle.

Heimat verändert sich: Geblieben ist das blaue Züritram mit dem roten Nummernschild 2, das noch immer vor dem Letzigrund hält. Das alte Stadion des FCZ und seine ‚piste magique‘, auf der Armin Hary 1960 die hundert Meter in 10,0 Sekunden lief, ist jedoch 2007 durch ein niedriges multifunktionales Gebäude ersetzt worden, welches tief in den Boden gebaut wurde. Seine weit über das schwebende Dach hinausragenden Scheinwerfer geben ihm das typische Gepräge.

Wenn man heute wieder durch die städtischen Heimatquartiere geht, fällt auf, dass sie grüner geworden sind. Die zubetonierten Bäche sind wieder geöffnet, und die Verkehrsberuhigung mit Tempo 30, zahlreichen Schwellen und Fußgängerstreifen ist durchgeführt.

Stadtrat Ruedi Aeschbacher wurde in den 70er Jahren noch als „Schwellen-Ruedi" verspottet, als er sehr zum Ärger der Autofahrer die Schwellen zur Tempodrosselung einführte. In der Schweiz entstand sogar eine ,Autopartei' (1985), die am rechten Rand agiert: Freiheit ist meine Vorfahrt; ich lebe nicht nur, wie ich will, ich fahre auch, wie ich will; mein Auto nimmt mir niemand weg. Dieses politische Potential ist auch heute nicht zu unterschätzen: Auto-Mobilität gegen lebenswerte Urbanität. Insbesondere die Sozialdemokratie als Autofahrerpartei bekommt dies zu spüren.

Ich hatte Glück, dass mein Vater, aus dem Obertoggenburg kommend, als er in Zürich eine Arbeitsstelle als Webermeister fand, das Bürgerrecht des Kantons Zürich beantragte und dafür auch bezahlte. Viele Toggenburger wurden so Zürcher. Sie sind immer beides geblieben, haben sich aber verändert. Auf dem Land konnte man sich von der Stadt erholen, in der Stadt vom Land.

Die *Strenge* der Zwingli-Stadt war anfangs der 60er Jahre noch deutlich spürbar. Sinnbildlich dafür waren die sogenannten Polizeistunden um 24 Uhr. Da mussten die Wirtshäuser schließen, und die letzten Gäste gehen. Zürich war immer sauber und besonders ordentlich, nach 22 Uhr abends durfte man nicht mehr laut sein.

Aus all diesen Gründen hatten es die *Italiener* anfangs schwer mit ihrer Lebensart. Sie zeigten sich in ärmelfreien Unterleibchen, hängten Wäsche auf den Balkon, pfiffen den Frauen hinterher und ließen auch spätabends die Kinder Kinder sein, und zwar immer und überall. Zudem waren die Zürcher in der Regel nicht in einer linken Gewerkschaft oder demonstrierten am 1. Mai mit großen roten Fahnen.

Drei Wochen früher feiern die Bürgerlichen ihr traditionelles Fest: das „Sächselüüte". Dabei reiten die Zünfter am Bellevue um einen Holzstoß herum, auf dem ein ‚Böög' steht. Je schneller dieser brennt, desto besser wird der Sommer.

Die führende Partei in der Stadt war der ‚Freisinn', der in Zürich besonders wirtschaftsfreundlich war. Sein Sprachrohr ist die mächtige ‚Neue Zürcher Zeitung', die damals noch dreimal am Tag erschien.

Mein Zwingli-Gymnasium stand auf einer Endmoräne des Linth-Gletschers und hieß ‚Freudenberg'. Es war das zweite klassische Gymnasium in Zürich. Der Umzug vom Züriberg nach Enge wurde damals gefeiert, ebenso wie das moderne Gebäude auf dem Hügel. Es ist heute noch ein schönes Beispiel der klassischen Moderne, das seit 1987 unter Denkmalschutz steht. Ich mochte das Gebäude und habe es später immer wieder besucht, als die Namen meiner Lehrer schon nicht mehr auf dem Stundenplan standen.

Das Gymnasium Freudenberg in Zürich.

Die Lehrer bekamen nach 10 Jahren den Professoren-Titel und wollten auch so angesprochen werden. Bevor sie das Schulzimmer betraten, erhoben wir uns und der Klassensprecher meldete den Bestand.

Erst kürzlich habe ich mit Max das Freudenberg wieder besucht. Max meinte, das Gebäude sei neu, obwohl es in den 50er Jahren erbaut worden ist. Tatsächlich wirkt es wie neu, und das Innere ist moderner denn je. Max verglich mit seiner Schule in Babelsberg und staunte über die iMac-Computer mit Apple-Zubehör sowie die großzügige Ausstattung des naturwissenschaftlichen Traktes und die Sportanlagen.

Heimat und der Stachel des Vergleichs bleiben Bezugspunkte des Lebens: Der Mensch als vergleichendes Wesen (Rousseau).

Dieses Gymnasium mit 8 Stunden Latein in der Woche war für mich eine gänzlich neue Welt, im genauen Sinne des Wortes eine bürgerlich-elitäre Welt, obwohl das *Wort* ‚Elite‘ verpönt war und von unseren Lehrern nie benutzt wurde. Aufsatzthemen wie ‚Konzertbesuch‘ stammten nicht aus meiner Erfahrungswelt. Latein und Französisch waren anspruchsvoll, und es gab Schüler, die von Hause aus ‚bilingue‘ waren.

Die ersten zwei Jahre waren schwierig, dann hatte ich mich an die Schule gewöhnt und fand mich zurecht. Nach vier Jahren wollte ich die langen 6 ½ Jahre schon wieder abkürzen.

Eine größer werdende Gruppe begann Drogen zu nehmen: erst Hasch, dann LSD. Die politische Radikalisierung gegen die bürgerliche Welt in Zürich nahm schnell zu und meine wenigen Freunde und ich waren nicht nur dabei, sondern als 16jährige Schüler mittendrin, als die 68er Bewegung begann. Wir saugten alles auf: die Musik, die Zeitschriften, die Slogans. Kurzum: alles, was innerhalb der ‚Neuen Linken‘, die eine internationale Perspektive hatte, angesagt war.

Nun begann mit 15, 16, 17 Jahren die *Zeit der Bücher*. Vieles wurde gelesen und mehr oder weniger verstanden: Marx, Marcuse, Reich, Lukács und andere. Es war eine intensive und produktive Zeit ohne Angst vor Irrungen und Wirrungen. Mit den Büchern begann aber auch die *Zeit der Besserwisserei*, obwohl wir von vielem keine Ahnung hatten. Die angesagten Theoretiker waren die neuen Autoritäten für uns Antiautoritäre. Das bekamen auch die Lehrer zu spüren.

Das Gymnasium Rämibühl am Zürichberg umfasst als Einzugsgebiet die rechte Hälfte von Zürich, einschließlich der sogenannten Goldküste, wo man nicht von Reichtum spricht. Das ‚Freudenberg‘ umfasste die linke Hälfte mit dem linken Zürichseeufer: Horgen, Wädenswil, Richterswil u. a. Beides waren Knabenschulen und so lernte man die zukünftige ‚Elite‘ kennen: Die Söhne von Unternehmern, Politikern, Rechtsanwälten usw.

Der Sohn von Bundesrat Honegger war damals in meiner Klasse. An Besuchstagen stand unser Mathematiklehrer (Major im Militär) beinahe stramm, wenn der Oberst mit Gattin im Pelzmantel bei uns vorbeischaute.

Meinen Lateinlehrer, LaMü, Professor Müller, mochte ich sehr, obwohl er etwas verschroben war. Sein Unterricht eröffnete mir eine andere Welt – die antike Welt der Römer. In die letzte Schulstunde vor den Ferien brachte er jeweils Bilder und ausgegrabene Scherben von ‚Augusta Raurica‘ mit.

Fußball hat heute den Platz der Religion eingenommen, wenn es um Emotionen geht. „Fußball, das sind wir alle". Allerdings sind nie alle inkludiert, eher gilt: „Chelsea is our religion" (als eines von tausend Beispielen). Die Politik versucht, dieses Massenphänomen auszunutzen. Zur Bewegung ‚Forza Italia' gehört der Fußball (AC Milan) sowie zu vielen anderen Bewegungen. Allein die Medien und der Sport erreichen heute noch die Massen, was entscheidend ist für die Demokratie, aus der potentiell alles werden kann – auch eine Diktatur. Hans Tschäni sprach sogar von der ‚Diktatur des Patriotismus' (1972).

Einmal habe ich Maradona live gesehen, in Zürich auf dem Letzigrund beim Spiel von Napoli gegen Wettingen. Welche Ehre für Wettingen! Ich weiß allerdings nicht mehr, womit es diese verdient hatte. Maradona jonglierte mit dem Ball im Mittelkreis, darum herum eine Traube von Reportern und Kameras. Das Publikum war begeistert und andächtig zugleich. Die Bilder, wie Maradona damals in Neapel empfangen wurde, habe ich im Fernsehen gesehen. Da flog ein Heiliger ein.

Das Wort ‚*Letzi*' prägte meine Nachbarschaft in Zürich. Ich wohnte am Letzigraben, der bis zum Letzigrund führt, vorbei am Letzi-Schulhaus und am Letzibad, welches Max Frisch als Architekt entworfen hatte. Wie viele Sommer haben wir als Kinder in diesem Freibad mit seinen verschiedenen Bassins und schönen Wiesen verbracht? Und wie viele abenteuerlich-aufregende Tage haben wir uns selber bereitet auf den Fußball- und Spielplätzen (im Winter

Schlittschuhlaufen und Eishockey) des Letzischulhauses? Die ‚Letzi‘ waren im Mittelalter Sperren im Gelände, als die Kinder noch nicht Kinder sein durften.

In der vierten Klasse begann der obligatorische Schwimmunterricht im Sportbecken des Letzibades mit seinem 10-Meter-Turm. Randegger begleitete die Klasse zum Unterricht von Herrn K., der als strenger Lehrer stadtbekannt war. Er warf uns buchstäblich ins kalte Wasser. Anfangs fürchtete ich diese Stunden, die im Sommer bei jedem Regenwetter stattfanden, denn ich konnte nicht schwimmen. Nur wenige waren so weit. Mit der Zeit kamen noch die Sprünge und das Tauchen hinzu.

Das war staatlich geförderte Erziehung mit Zwang. Dafür konnte man dann schwimmen und schließlich die verschiedenen Tests absolvieren. Die Testabzeichen ließ man von der Mutter an die Badehosen nähen und spazierte damit noch etwas stolzer im Letzibad herum.

Herr Kunz, Hauswart des Letzischulhauses, spritzte jeweils mit einem Wasserschlauch die geteerten Spielflächen, wenn die Temperatur im Winter unter null Grad sank. Über Nacht gefror das Wasser, und wir hatten ein großes Eisfeld. Zwei Plätze wurden für das Eishockey reserviert und mit richtigen Toren bestückt. So hatten wir Kinder das Vergnügen, im Winter ‚chneble‘ (Hockey-Spielen) zu gehen und im Sommer auf den Fußballplätzen zu spielen. Der liebe Herr Kunz verlangte nur einen sehr geringen

Eintrittspreis für das Eisfeld und verkaufte mit seiner Frau heißen Punsch.

Ich lernte hier Eislaufen und Eishockey, welches mir viel Freude bereitete. So gingen wir jeden Tag sofort nach der Schule aufs Eisfeld bis in die Abendstunden hinein, denn es war beleuchtet. Diese Tage und Abende zählen für mich zu den schönsten. Herr Kunz handelte sich mit dieser Freude für uns viel Ärger für sich ein. Ich hoffe, dass er dennoch die damaligen Jahre ein bisschen genießen konnte. Menschen wie er haben uns eine glückliche Kindheit mit viel Auslauf ermöglicht. Mit dem Übergang in die *bürgerliche Welt* des Gymnasiums war diese Kindheit vorbei. Es war der *tiefste* Einschnitt in meinem Leben.

3. Zwingli, Dominikaner, Neue Linke

Zwingli war kein Chorknabe und die Dominikaner, die sowohl kluge Köpfe wie berüchtigte Inquisitoren hervorbrachten, ebenso wenig. Unsere Welt am Gymnasium war weit weg von den damaligen blutigen Kämpfen der Reformation und Gegenreformation, von denen man für heute viel lernen kann. Als Katholik besuchte ich am protestantischen Gymnasium, welches sogar den Philosophieunterricht als Indoktrination fürchtete, die Randstunden des Religionsunterrichts sechseinhalb Jahre lang.

Sie wurden in Zürich von Dominikanern, die ein katholisches Mittelschulfoyer betrieben, gegeben. Dieser Unterricht unterschied sich deutlich von den sechs Jahren Religionsunterricht zuvor, den uns ein aufbrausender Pfarrer, der Ohrfeigen verteilte, ein schüchterner Vikar und eine strenge Katechetin, bei der wir auf die Beichte vorbereitet wurden, erteilten.

Das Randfach Religion wurde zum Kernfach der intellektuellen Anregung. Hier lernte ich nicht nur die Religionskritik von Feuerbach, sondern ebenso die Kritik von Marx und Freud kennen. Die Ökumene war selbstverständlich, und die Rom-Athos-Reisen jedes Jahr waren eine Attraktion. Später kamen die Treffen in Taizé (einschließlich des Weltjugendkonzils) hinzu. Die Dominikaner *öffneten* uns die Augen für Vieles: Bücher, Filme, andere Religionen, Philosophie und Soziologie. Das Mittelschulfoyer an der Augustinergasse wurde zu einem Treffpunkt in der Stadt.

Von den Dominikanern blieb es nur einer, denn alle hatten sich mehr versprochen vom ‚Aggiornamento‘ des zweiten vatikanischen Konzils. Der Prior trat 1975 aus dem Orden aus, nur Pater Ambros blieb. Er baute das katholische Filmbüro auf. Alle anderen suchten neue Berufe, verheirateten sich und gründeten Familien.

Bei gesellschaftlichen und politischen Fragen standen die Dominikaner weit links wie die Arbeiterpriester in Frankreich. Zugleich pflegten sie eine Spiritualität, Offenheit, Intellektualität und Menschlichkeit, die für mich eine Inspiration geblieben sind.

Die Rom-Reise wurde sorgfältig organisiert und ließ uns dennoch Freiräume, interessante Einrichtungen und Quartiere der Stadt selbständig zu besuchen. Wir teilten uns in Arbeitsgruppen auf. So machte ich mich mit fünf anderen und Pater Stampa auf, eines der Armenquartiere der Stadt zu erkunden, die man allenfalls aus Filmen von Pasolini kennt, zum Beispiel ‚Accattone‘ (1961). Wir liefen und liefen, sprachen mit Leuten, versuchten einige Daten zu sammeln und am Abend alles auszuwerten. Andere Gruppen besuchten wenig bekannte Ordensgemeinschaften, die international tätig waren. So kam einiges zusammen, was wir einander vortragen und miteinander diskutieren konnten.

Ulrich-Zwingli-Denkmal in Zürich

In den oberen Klassen gab es ab und zu über ein Wochenende ein Filmseminar, wo uns Pater Ambros versuchte, neue Filme und ihren theologischen Gehalt nahezubringen, zum Beispiel den Film ‚Teorema' (1968) von Pasolini.

Obwohl die meisten von uns sich von der katholischen Kirche und ihren Dogmen immer mehr entfernten, haben uns gläubige Katholiken neue Wege eröffnet. Sie haben einen ökumenischen Katholizismus vorgelebt, der menschlich und offen war, so dass von Religion bis heute etwas geblieben ist, zumindest eine humane Prägung, aber ohne Theologie und Kirche. Ministrant konnte ich nie werden. Am Karfreitag 1968 predigte der Prior unserer Dominikaner in Luzern „Jesus sei umsonst gestorben".

Franz Müntefering sagte, halb im Scherz, halb im Ernst, als er SPD-Vorsitzender wurde: „Es gibt nichts Besseres, außer Papst." Er wusste nicht, was er sagte.

Immerhin füllte Müntefering das gewaltige Vakuum, welches in der SPD nach Lafontaines überraschendem Abgang entstanden war – für Kanzler Schröder und seinen Kurs, was objektiv betrachtet, eine große Leistung war, aber auch der Anfang vom Niedergang der SPD.

Ulrich Zwingli, der 1519 Leutpriester am Großmünster in Zürich wurde, stammt ebenfalls aus dem Obertoggenburg. Sein Geburtshaus kann man heute in Wildhaus, mitten im Dorf, noch besichtigen. Es ist ein kleines einfaches Holzhaus, in dem niemand wohnen möchte. Wer hier aufgewachsen ist, wurde abgehärtet. Kaum vorstellbar, wie die Familie die strengen Winter überleben konnte. Zwingli übersetzte die Bibel (‚Zwingli-Bibel‘, sola scriptura) und fiel auf dem Schlachtfeld 1531 bei Kappel am Albis, als die Zürcher den altgläubigen Orten ihre Wahrheit mit Waffengewalt aufzwingen wollten. Reformatoren wie Luther, Calvin und Zwingli waren in Glaubensfragen nicht tolerant, sie waren ‚Fundamentalisten‘ eigener Art.

Dass auch die katholische Kirche der damaligen Zeit ‚fundamentalistisch‘ war, habe ich erlebt. Toleranz spielte nie eine Rolle, und die Religionsfreiheit wurde erst durch das zweite vatikanische Konzil in den 60er Jahren anerkannt. Diese Tatsachen wiederum haben den scharfsinnigen John Locke 1689 dazu geführt, die Katholiken, weil sie einer doppelten Loyalität huldigten, von der liberalen Toleranz auszuschließen, was lange Nachwirkungen hatte.

Strenggläubige und Rigoristen haben wenig Sinn für die mehrdeutige Toleranz, ebenso wenig für die mehrdeutige Freiheit und Gerechtigkeit.

Auch der ‚Zwinglianismus‘ begann in Zürich allmählich zu bröckeln. Heute ist wieder die katholische Denomination in der Mehrheit, was nicht viel besagt, jedenfalls nicht so viel wie ehemals ‚Zwingli-Stadt‘, die brutal mit der Täuferbewegung umging. Im ‚protestantischen Rom‘, der Calvin-Stadt Genf, ist die Situation ähnlich. In Bezug auf die 90er Jahre spricht man inzwischen von einer

‚Entzwinglianisierung' Zürichs, denn Zürich ist eine Partyhauptstadt Europas geworden, was auch eine Auswirkung der Jugendbewegungen ist.

Trotz oder gerade wegen vieler chaotischer Vollversammlungen und anarchistischer Leerläufe kann man insgesamt von einer ungeplanten ‚Schule der Demokratie' sprechen. Für einen solchen Lernprozess braucht es freilich Zeit, Erfahrungen und mehrere Seiten ohne voreilige Versöhnungen. Genauer gesagt, handelt es sich um *Freiheits- und Toleranzgewinne*, an denen wir festhalten sollten, denn eher die Freiheit des Individuums als die Demokratie stand im Vordergrund der damaligen Jugendbewegungen.

Ein ähnlicher Prozess lässt sich in der Drogenpolitik beobachten. Betroffenheiten in bürgerlichen Familien, beharrliche wissenschaftliche Aufklärung und Sozialarbeit führten zu einer in ganz Europa vorbildlichen Drogenpolitik in Zürich bis hin zum ‚Staat als Dealer' (Abgabe von sauberen Spritzen, Methadonprogramme).

Am Schluss des Gymnasiums 1972 waren wir nur noch elf Schüler. Mit dreißig haben wir in der ersten Klasse begonnen, dann folgte eine strenge Probezeit, in der *gesiebt* wurde. Danach musste man aufpassen, nicht in das sogenannte ‚Provisorium' versetzt zu werden. Schon anderthalb Notenpunkte unter der Durchschnittsnote vier bei mehr als zehn Fächern konnte zu dieser neuerlichen Probezeit führen. Es genügte, in einem Fach ganz schlecht sein, zum Beispiel mit der Note 2, dann kam man ins Provisorium. Kam man daraus nicht mehr heraus, musste die Klasse wiederholt werden. So herrschte ständiger Druck. Einige wenige Kinder von ganz Reichen wichen auf teure Privatschulen oder Internate (zum Beispiel in Zuoz) aus, wenn sie am staatlichen Gymnasium nicht mehr weiterkamen. Diese Schulen sind nicht besser, im Gegenteil, aber die Milieus, die Peers und die Netzwerke passen besser zur globalen Oberschicht.

Alle, selbst die besten Schüler, hatten Angst vor PhysiMü, Professor Müller in der Physik, der ein bekanntes Aufgabenbuch geschrieben hatte: den Läuchli/Müller. Die Aufgaben in diesem Buch waren so schwierig wie PhysiMü selber, der stadtbekannt war. PhysiMü unterrichtete Physik erst in der fünften Klasse, also kurz vor der Matura. Er beschäftigte zwei Feinmechaniker als Assistenten und hatte eigene großzügige Räume, darunter ein Physiklabor.

Nie in meinem Leben habe ich ein Heft sorgfältiger geführt als das sogenannte Labor-Journal. In der schriftlichen Prüfung erreichten vielleicht fünf Schüler überhaupt eine genügende Note. Deshalb musste man darauf aus sein, wenigstens im mündlichen Unterricht eine gute Figur zu machen. Diesbezüglich war man jede Stunde seiner Willkür ausgeliefert – und seiner nassen Aussprache.

Im Juni 1967 bekamen wir viele Stunden frei, um den Sechs-Tage-Krieg zwischen Israel und den arabischen Staaten Ägypten, Jordanien und Syrien in den Zeitungen zu verfolgen und zu analysieren. In kleinen Arbeitsgruppen steckten wir unsere Köpfe zusammen.

Zum Ende des Prager Frühlings im August 1968, als das Experiment eines Sozialismus mit menschlichem Angesicht von den Warschauer Pakttruppen gewaltsam niedergeschlagen worden war, ging fast die ganze Schule, einschließlich der Schulleitung, abends mit Kerzen auf die Straße und skandierte „Dubcek, Svoboda".

Es gab also zwei politisch bedeutsame 1968, wenn nicht drei (die Ermordung Martin Luther Kings). Letzterem wurde der nötige Polizeischutz nicht gewährt, den ein Staat seinen gefährdeten Bürgern schuldet.

Unser 1968 in Zürich war mehr eine Schüler- und Jugendbewegung als eine Studentenbewegung. Es ging immer um das autonome Jugendzentrum, beginnend mit den Globuskrawallen (1968) über die ‚autonome Republik Bunker' (1970/71) bis hin zu den Opernhauskrawallen 1980. Auch eine Lehrlingsgewerkschaft wurde gegründet, ihre Zeitschrift hieß ‚Venceremos'. Die alternativen Jugendkulturen wollten sich ihre Freiräume schaffen und mussten sie der teuer subventionierten Hochkultur abtrotzen. In diesen Freiräumen kam ein bunter Mix von speziellen Experimenten zum Zuge. In der DDR wären wir alle als Rowdies verhaftet worden.

Der größte politische Erfolg der ‚Neuen Linken', die in Zürich FASS hieß: Fortschrittliche Arbeiter, Schüler und Studenten, war die Kampagne gegen die fremdenfeindliche Schwarzenbach-Initiative der Nationalen Aktion, die 300.000 Italiener auf einen Schlag an die Grenze stellen wollte. Unser Motto war: „Alle Arbeiter sind

Demonstrationen in der Bahnhofstraße in Zürich und
die „Autonome Republik Bunker" (1970/71)

Fremdarbeiter". In dieser Gegnerschaft gegen die erste fremdenfeindliche Volksinitiative in Europa haben sich 1970 viele politisiert, es kam sogar zum ersehnten Brückenschlag von uns linken Jugendlichen (darunter viele Lehrlinge) mit linken Gewerkschaftern, vor allem Italienern und Spaniern.

Die größte Linkspartei in Zürich war damals die Kommunistische Partei Italiens (PCI). Zürich war die Hauptstadt der Sozialisten und Kommunisten außerhalb Italiens im antifaschistischen Widerstand gegen Mussolini. Der Treffpunkt war das ‚Cooperativo' am Werdplatz.

Der heftige Abstimmungskampf gegen die Schwarzenbach-Initiative wurde knapp gewonnen. Trotzdem beginnt 1970 das *Trauma der Linken*, da die Nationale Aktion immerhin 46 Prozent (männliche) Ja-Stimmen bei 74 Prozent Beteiligung erreichte, darunter viele Stimmen von Arbeitern, Gewerkschaftern und Sozialdemokraten. Damit hatte eine neue Bewegung, die bis heute anhält und sich verstärkt hat, ein *neues Themenfeld*: die ‚Politik mit dem Fremden' entdeckt, welches mobilisierte und polarisierte.

Dieses Themenfeld (Einbürgerung, Ausschaffung, Wahlrecht usw.) bot fortan Gelegenheit, sich neben der EU-Kritik in *wahrem Patriotismus* zu profilieren. Heute spricht Blochers Schweizerische Volkspartei (SVP) süffisant von „den Linken und Netten". Die SVP ist inzwischen nicht nur die stärkste Arbeiterpartei, sondern auch die wählerstärkste Partei in der Schweiz und zu einem europäischen

Vorbild der Rechtspopulisten geworden, weil man ihren Anhängern nicht absprechen kann, dass sie Demokraten sind.

Es gibt heimliche und unheimliche Patrioten.

Am 9. Februar 2014 stimmten selbst ehemalige Gegner der Nationalen Aktion der SVP-Initiative ‚Gegen Masseneinwanderung' zu, die mit hauchdünner Mehrheit (50,3 Prozent) angenommen worden ist. Dies spiegelt genau die heutige politische Situation nicht nur in der Schweiz, sondern in ganz Europa. Migration und Überfremdungsangst sind ein Hauptfeld der politischen Auseinandersetzungen geworden. Darauf muss man eine demokratische Antwort geben können.

Die Italiener, die in meiner Schulzeit meistens nur abschätzig ‚Tschinggen' genannt und entsprechend ‚gehänselt' wurden, sind heute die beliebtesten Schweizer.

Viele sind aus dem Gymnasium ausgestiegen, manche wiederholten eine Klasse. Sie sind eingerechnet bei den elf Schülern, die bis zum Schluss durchhielten. Für uns alle waren die sechseinhalb Jahre zu lange eine prägende Zeit, und die Zeit danach erschien uns wie eine Befreiung. Wenige wussten jedoch klar, was sie studieren wollten. Ich schon, denn ich wollte nur noch studieren und die zahlreichen Anregungen der damaligen Zeit aufnehmen und vertiefen.

Die Matura-Reise führte mich 1972 nach Westberlin. Zusammen mit meinem Freund Hans Jakob Ragaz, der ein Enkel des berühmten Theologen und religiösen Sozialisten Leonhard Ragaz war, besuchte ich an der evangelischen Akademie am Wannsee einen Kurs über die neue deutsche Ostpolitik. Die Tage waren ausgefüllt mit Vorträgen und Diskussionen. Die Besuche in Ostberlin an der Humboldt-Universität und im ‚Haus des Lehrers' am Alexanderplatz waren besonders aufregend. Für Lenin waren die religiösen Sozialisten – mit einer solchen Gruppe war ich unterwegs – „weinerliche Sozialisten", die er in seinem Zürcher Exil kennengelernt hatte.

In dieser Zeit überlegte ich mir, wo ich studieren wollte. Es kamen nur Berlin oder Frankfurt am Main in Frage. In Berlin gab es mir zu viele Kurse ‚Kapital-Lesen'. Da ich Neues lernen wollte und schon ein kleiner Marxist war, entschied ich mich für Frankfurt, um die großen Themen der damaligen Philosophie: Wissenschaftstheorie, analytische Philosophie und Sprachphilosophie zu studieren. Am meisten habe ich bei Karl-Otto Apel und Herbert Schnädelbach gelernt. Erst ab 1980 habe ich mich auf Sozialphilosophie und politische Theorie konzentriert.

4. Politische Philosophie in Deutschland

1980 war ein großer Übergang für mich. Ich bekam die volle Assistenten-Stelle bei Hermann Lübbe am Philosophischen Seminar der Universität Zürich. Diese Stelle war begehrt. Es lief deshalb fast so ab wie bei einer Berufung. Die Zürcher Studenten unterstützten meine Bewerbung.

Lübbe war offen von rechts bis links. Obwohl er damals heftig als Neo-Konservativer (Dubiel, Habermas) angegriffen wurde, war er liberaler als die meisten Linken, jedenfalls an seinem Lehrstuhl. In der deutschen Politik vertrat er eine streng antimarxistische Position ohne Legitimitätskonzession und ging mit den 68er entsprechend hart ins Gericht – als Bildungspolitiker der SPD und politischer Theoretiker.

Der deutsche SDS war eine Abkürzung für ‚Sozialistischer Deutscher Studentenbund‘, der amerikanische ‚SDS‘ stand hingegen für „Students for a Democratic Society‘. Er wurde schon 1962 mit dem ‚Port Huron-Statement‘ gegründet. Darin formuliert Tom Hayden die freche These, dass die USA zwar eine Republik, aber keine Demokratie seien. Angestrebt wird eine „partizipatorische Demokratie".

Daran arbeiten wir noch heute oder vielmehr: immer wieder, in immer neuen Anläufen und verschiedenen gesellschaftlichen

Bereichen, denn Demokratie ist nicht nur eine Institution (Staatsform), sondern auch ein *Prozess*, der kreativ gestaltet werden kann. Politisches Handeln ist nicht nur intentional und wertrational, sondern auch verfahrensinnovativ.

Zugutehalten muss man Lübbe, dass er im Unterschied zu manchen Schweizer Professoren nie langweilig war. Er griff die Themen der Zeit auf und ließ im Seminar vieles zu. Er war nur am Montag an der Universität präsent und absolvierte sein Pensum von frühmorgens bis abends spät. Die übrige Zeit war er unterwegs, wohl meistens auf Vortragsreise in Deutschland.

Nicht nur die Themen waren spannend und lehrreich, Lübbe brillierte auch mit seiner Rhetorik. Er konnte aus dem Stegreif reden – er redete, wie er schrieb, und schrieb, wie er redete. Im Seminar kamen wir gleichwohl zum Zuge. Lübbe ließ auch zu, was ihm nicht passte. Man konnte bei ihm als Marxist, Thomist, Phänomenologe oder Systemtheoretiker eine gute Note erreichen, sofern man belesen war und präzise artikulierte. Mir ging schnell auf, dass ich in meinem Leben nie so gut würde reden können wie Lübbe. Bis ich einen Satz formuliert hatte, hatte er bereits einen Vortrag gehalten.

Manche Seminare habe ich selber vorbereitet, zum Beispiel eine Reihe zur ‚Philosophie der Sozialwissenschaften'. Auch ein Seminar über Zivilreligion musste ich konzipieren, da Lübbe zu diesem Thema einen Vortrag zu halten hatte. So habe ich ein Thema kennengelernt, das mich noch heute als ‚Religion des Bürgers‘ beschäftigt. Ich lernte viel von Lübbe und konnte mich einbringen. Lübbe hat auch von uns Mitarbeitern gelernt, denn er blieb stets offen und neugierig. So wurden die Assistentenjahre für mich die intensivste und produktivste Studienzeit, die ich an der Universität erlebt habe.

Das Philosophische Seminar der Universität Zürich, das als erstes Drittelparität eingeführt hatte, umfasste zusätzlich eine Hegel-Forschungsstelle und ein Hermann-Cohen-Archiv. Walter Zimmerli und Rudolf Meyer befassten sich damals mit den Jenaer Systementwürfen von Hegel (1801-1807), und Helmut Holzhey, der vor dem Mauerbau die DDR verließ, übernahm den größten Lehranteil in der Philosophiegeschichte. Er war ein Spezialist für Kants Philosophie („Kants Begriff der Erfahrung“) und Kenner des Neukantianismus. An der Paulus-Akademie veranstaltete er eine internationale Tagung zu dessen politischer Philosophie unter dem Titel ‚Ethischer Sozialismus‘. Unter diesem Titel ist der Tagungsband 1994 bei Suhrkamp erschienen.

Zu dieser Tagung sollte ich einen Beitrag über Eduard Bernstein liefern. Für meine Recherchen stellte ich das Zürcher Sozialarchiv, bei dem ich seit meiner Gymnasialzeit Mitglied war, auf den Kopf. Bernstein war weder ein Hegelianer noch ein Neukantianer. Er war auch kein dogmatischer Marxist, sondern, wie man sagen könnte, ein ‚empirischer Marxist‘ und vor allem ein konstruktiver politischer

Theoretiker, der eine Synthese von Liberalismus und Sozialismus versuchte. Rosa Luxemburg warf ihm vor, das schöne ‚Marxsche System' zu zerstören. Politische Theoretiker sind indessen keine Systemdenker. Ihr ‚System' bleibt erfahrungsoffen und lernbereit. Ich habe das die Eklektik politischer Aufklärung genannt. Eklektik ist selber ein Grundbegriff der Aufklärung so wie Mündigkeit oder Emanzipation.

In diesem Zusammenhang ist die Frage nicht einfach zu beantworten, was eine ‚aufgeklärte Religion' ist. Aufklärung soll ja nicht zur Anmaßung werden. Zur Religionsfreiheit gehört die Koexistenz von Religionen, die ihre besonderen Profile pflegen. Es gibt aber eine Hermeneutik, die dem Fundamentalismus widerspricht. Und für die christlichen Konfessionen hat der Theologe Rudolf Bultmann 1941 ein Entmythologisierungsprogramm entworfen, welches der modernen Aufklärung entspricht. Nach dem Krieg ist vor allem der Protestantismus diesem Programm gefolgt, der Katholizismus dagegen nur sehr eingeschränkt.

In den 70er Jahren suchte ich noch in alle Richtungen, verrannte und verstieg mich und scheiterte, was zur Philosophie gehört. Ich würde niemandem dieses Studium empfehlen, obwohl ich es wiederwählen würde. Es bedeutet oft frustrierendes lebenslanges Lernen ohne Ergebnisse. In der Philosophie fängt man immer wieder von vorne an.

„Im Sein nichts Neues" hieß entsprechend eine witzige Vorlesungskritik marxistischer Studenten an der Grundvorlesung philosophische Psychologie vom Heidegger-Schüler Detlef von Uslar.

Weniger lustig war die harsche Vorlesungskritik dogmatischer Trotzkisten am ehemaligen Wirtschaftsminister des Prager Frühlings Ota Šik, der in St. Gallen und Zürich über Wirtschaftsdemokratie lehrte. Es kam zu keinen weiterführenden Diskussionen, von denen wir alle hätten lernen können.

In den 8oer Jahren scheiterte ich nicht, denn ich hatte für mich eine Richtung gefunden, die mich fesselte und in der ich etwas leisten konnte. Ich hatte beschlossen, mich fortan voll und ganz auf Philosophie und Sozialwissenschaft zu konzentrieren, egal, was dabei herauskommen würde. Das hatte zur Folge, dass ich alle Bücher kaufte, die ich mir schon immer gewünscht hatte. Ich ging auf in der Arbeit als Assistent und Lehrbeauftragter. Ich hatte Seminare vorzubereiten und die Studenten von Lübbe zu betreuen, was ich gerne tat.

Ökonomische Sorgen hatte ich keine und vor allem: Ich war frei. Auch familiär war ich nicht gebunden, obwohl ich Kinder liebte. In meinen persönlichen Beziehungen war ich nicht sehr glücklich, litt aber, ehrlich gesagt, nicht darunter, denn die Arbeit erfüllte mich. Lebensgeschichte ist nicht Liebesgeschichte.

Ich promovierte und habilitierte in Philosophie. Letzteres wurde mir ermöglicht dank eines großzügigen Stipendiums des Kantons Zürich. Zum Glück hatte sich mein Vater damals einbürgern lassen. In den drei Jahren des Habilitationsstipendiums reiste ich dorthin, wo ich am meisten lernen konnte: Frankfurt am Main, Berlin, New York. Es waren Bubenträume, die ich dort verwirklichen konnte, denn ich war unabhängig von jeder akademischen Schule und konnte so neben Sport meinem liebsten Hobby frönen: Städte kennenzulernen, nicht bloß als Tourist, sondern als Träumer, Spaziergänger und Forscher.

Am Schluss hatte ich eine Riesen-Arbeit über den neuen zivilen Ungehorsam der 8oer Jahre beisammen, welches die Jahre der neuen sozialen Bewegungen waren. Man glaubt es heute kaum, aber über viele Themen, die besonders aktuell erscheinen, wurde damals intensiver und genauer diskutiert als heute: Zum Beispiel über den Asylwiderstand oder das Kirchenasyl, aber auch über Grenzen von Mehrheitsentscheidungen angesichts von Umweltzerstörung, steigendem Meeresspiegel und Schmelzen der Gletscher, oder über den Boykott von Volkszählungen, die Daten sammelten, von denen man nicht wusste, was mit ihnen geschieht, oder die Auseinandersetzung um den ,Fichen- oder Schnüffelstaat', die Frauenrechte, die Militärausgaben, internationale Gerechtigkeit, Minderheitenrechte usw. – eine Fülle von Themen, die wichtig geblieben oder noch wichtiger geworden sind. Ich habe gesammelt und theoretisiert wie ein Verrückter, was schließlich die Habilitationskommission, bestehend aus fünf Personen, die allesamt keine Anhänger dieser Themen waren, überzeugte.

Ausgangspunkt für den Anti-AKW-Widerstand waren 1975 in der Schweiz die Kaiseraugst – und in Deutschland die Wyhl-Besetzung. Schon damals spielte die kritische wissenschaftliche Expertise eine Rolle (Traube und andere). Die Besetzer waren aber keine Revolutionäre, sondern meist sogenannte „einfache" Bürger/innen aus der Gegend.

Inzwischen ist nicht nur die Zeit, sondern auch die Fortschrittskritik fortgeschritten. Es gibt eine „empirische Apokalyptik" (Lübbe), der Meeresspiegel steigt weiter an und die Artenvielfalt geht dramatisch zurück. Und Orwell hätte sich einen Überwachungsstaat wie in China nicht vorstellen können (digitale Diktatur).

Der große lineare Fortschritt im Singular, welcher die Neuzeit philosophisch definiert hatte, ist seit den erfahrenen und diskutierten ‚Grenzen des Wachstums' (1972), die sich durch die sichtbaren Auswirkungen des Klimawandels noch verschärft haben, zum *Orientierungsproblem* geworden. In der näheren Zukunft wird nicht einfach alles anders und zugleich besser werden, vielmehr überwiegen heute die Zukunftsängste einerseits und vor allem eine große Ungewissheit und Verunsicherung andererseits. Die Erfahrung der Unberechenbarkeit der Ereignisse – der Kontingenz und Volatilität – drängt sich zunehmend in den Vordergrund.

Die realexistierende Demokratie ist immer sowohl Medium einer begrenzten Massenzivilität mit ihren Wahrheiten und Mehrheiten als auch eine Struktur verfassungstheoretischer Regelungen, die der Revision durch eine verfassungsdemokratische Bürgergesellschaft fähig sind. Die anhaltenden Fortschritts- und die sich verschärfenden Demokratiekonflikte, verbunden mit sozialen Protesten, sind der reale Hintergrund für die virulente Problematik ziviler Widerstände in einem durchsetzungsfähigen Rechtsstaat, auf den man bauen muss und in den man vertrauen kann.

Zur Habilitation, die ein langer und dorniger Weg ist, gehört abschließend der Habilitationsvortrag vor der ganzen Fakultät, zu dem in Zürich, die immer eine ordentliche Ordinarienuniversität geblieben ist, die meisten Professoren kommen. Zwanzig Minuten sind dafür vorgesehen und keine Minute mehr, dann folgt eine Diskussion vor über hundert Professoren aus verschiedenen Fächern.

Ich habe leider Fälle kennengelernt, die an dieser letzten Hürde gescheitert sind. Man hat mir geraten, ich sollte ja eine Krawatte anziehen. Es war das einzige Mal, dass ich an der Universität eine Krawatte trug. Ausgerechnet an diesem Tag vor der letzten Hürde war Lübbe abwesend. Ich hatte Glück, dass ich durchkam, obwohl ich Tocqueville nicht auf Französisch zitiert hatte, was mir ein Romanistik-Professor vorwarf.

Ich fühlte mich in Zürich wohl, zumal ich dort, an der Obstgartenstraße im Kreis 6, in einer wunderbaren Altbauwohnung lebte, mit Aussicht und gedecktem Balkon. Dann erreichte mich wie aus heiterem Himmel der Anruf von Professor Lehmbruch, der einmal einen Vortrag von mir über Verrechtlichung und Verrechtlichungskritik an einer Politologen-Tagung auf Schloss Lenzburg gehört hatte, ob ich nicht stellvertretend eine Professur für Theorie der Politik in Konstanz übernehmen könnte. Die Stellvertretung beinhaltete einen obligatorischen Kurs zur Staatstheorie, den ich mit vielen Studenten zwei Jahre lang gerne durchgeführt habe.

In Konstanz hätte ich bleiben können, vom Wissenschaftsminister von Trotha hatte ich meine erste Berufung auf die Stelle bekommen, die ich vertreten hatte.

Zürich und *Konstanz* waren für mich ideal, aus persönlichen wie beruflichen Gründen. In Zürich war ich wirklich Zuhause und die Universität Konstanz habe ich in bester Erinnerung. Die Bibliothek war einmalig, alle Gebäudeteile führten direkt zu ihr und man hatte sofort einen Überblick auch über die aktuellen Zeitschriften. Das ganze Gebäude erhob sich wie ein Schiff über den Bodensee, und die Fächer, die mich interessierten, waren durchwegs sehr gut vertreten. Eigentlich war sie als kleine Universität geplant, als „Harvard am Bodensee" (Dahrendorf), denn in kleinen Gruppen sollte gelehrt, gelernt und geforscht werden.

Die Kombination von Zürich, wo ich Privatdozent blieb, und Konstanz war nicht mehr zu übertreffen. Zudem wollten meine Freunde, dass ich mich weiter am Aufbau eines Instituts für Öffentlichkeitsforschung in Zürich beteilige. Dieses gibt es inzwischen dank der unermüdlichen Arbeit von Kurt Imhof und seinen Mitarbeitern als An-Institut der Universität (FÖG).

Als dann, noch überraschender als der Anruf aus Konstanz, der Anruf aus Potsdam kam, wusste ich trotzdem sogleich, dass ich nach Potsdam wechseln würde. Warum? Das werde ich später (5.) erklären.

Elemente politischer Theorie[2]

Politische Theoretiker sind die Philosophen in der Politikwissenschaft und/oder der praktischen Politik. Deshalb werde ich im Folgenden philosophischer werden, bevor wir in Potsdam (Kap. 5) wieder Boden unter den Füßen bekommen. Politische Theoretiker müssen aufpassen, dass sie nicht weltfremd werden. Im besten Fall betreiben sie Aufklärung mit Wirklichkeitssinn, wozu Theorie *und* Praxis, Theorie *und* Empirie gehören. Als *politischer* Theoretiker ist man ein engagierter Beobachter. Es ist ein Denken in der Zeit an einem bestimmten Ort.

Gegenüber allem können wir nicht zugleich aufmerksam sein. Vielmehr gibt es einen äußeren und inneren Kampf um die knappe Ressource Aufmerksamkeit. Auch Mitgefühl und Solidarität sind begrenzt. Als engagierte Menschen und Theoretiker benötigen wir eine *‚indifferenza attiva'* (Vico). Sie ist ein ständiger Balanceakt

---

2 Auf den beiden letzten Seiten von Kap. 5 versuche ich diese Elemente/Gedankensplitter schematisch noch einmal zusammenzufassen.

zwischen Aktivismus und Gelassenheit, ein Wissen, was man kann und lassen muss. Ethisch gilt für mich: Es gibt nichts Gutes, außer man tut es (Kästner). Aber es gilt auch: Man muss es können, vor reiner Gesinnungsethik in überbietender Moralisierung ist zu warnen. Im Allgemeinen können wir aber mehr, als wir tun. Also kommt es auf das bessere *Tun-Können* an, wenn es nötig wird, zum Beispiel bei humanitärer Hilfe oder politischen Aktionen.

Aktive Indifferenz ist eine dosierte Gleichgültigkeit oder genauer: eine moralische Diätetik und keine Apathie. Sie verhindert die Resignation des Überengagements, die niemandem hilft. Klugheit und Fokussierung helfen.

Für ethische Überlegungen ist ‚Wohlwollen' ein geeigneter Oberbegriff, denn es gibt verschiedene Facetten des Wohlwollens: das ganze Spektrum der Toleranz sowie der Sympathie und Solidarität bis hin zur anarchistischen Barmherzigkeit.

Die wichtigste Unterscheidung der stoischen Ethik ist die zwischen dem, „worüber wir gebieten und dem, worüber wir nicht gebieten" (Epiktet). Beachten wir nämlich das, was von uns ausgehen kann und in unserer Macht liegt, so verlieren wir nicht so leicht die Fassung. Diese Diätetik führt zur nötigen existentiellen *Selbststabilisierung*, welche jeder *Selbstbestimmung* vorausliegt.

Gerade wenn wir Möglichkeiten der Selbstbestimmung ausbauen wollen, benötigen wir Stabilität und Orientierung. In unseren schnellen und oberflächlichen Zeiten gerät das Selbst in einen Orientierungsstrudel, und die Selbststabilisierung ist oft schwer zu erreichen. Deshalb tut eine Prise Stoizismus gut, um die Selbstbestimmung zu erhalten, denn sie sollte nicht abstrakt bleiben, sondern konkret werden. Dafür braucht es innere Reserven.

Fast alles wird man neu definieren müssen, auch den Menschen, wenn eine Selbstoptimierung bis hin zur Unsterblichkeit für alle technisch möglich wird.

Am Lebensende kann die Würde des Menschen nur noch in einer dialogischen Selbstbestimmung mit dem Arzt, der um das Patientenwohl bemüht ist, bestehen. Da muss es Optionen für beide Seiten geben, wie der erfahrene Palliativ-Mediziner Michael de Ridder erläutert.

Als Schweizer ist man geneigt, Rousseau zu verteidigen. In der deutschen Philosophie sind gute Rousseau-Interpretationen selten. Der Ritter-Schüler Robert Spaemann, der französisch kann, ist eine Ausnahme. Neben seinen Aufsätzen über Rousseau, hat der schwarzkatholische Spaemann mindestens zwei gewichtige Beiträge zur politischen Philosophie in Deutschland geleistet. Zum einen die ‚Kritik der politischen Utopie‘ (1977) und zum anderen den bahnbrechenden Aufsatz ‚Über technische Eingriffe in die Natur als Problem der politischen Ethik‘ (1979). Hier beginnt der Atomausstieg.

Der gewöhnliche Konservative als normaler Mensch ist ein sentimentaler Mensch. Er kann den Ansprüchen von Intellektuellen nicht genügen. Der konservative Intellektuelle hingegen, den es auch gibt, ist disponiert für intelligente Kulturkritik moderner Zeiten, da er furchtlos Fortschrittsverluste benennt und analysiert. Der parteipolitische Konservative wiederum (als dritter Typus) lässt sich nicht allgemein definieren. In jedem Land findet er wieder andere Traditionen, Konstellationen, Lagen und Probleme vor. Er ist veränderungs- und anpassungsfähig, denn er geht einher mit Geschichte und Politik.

Statt einfach nur zu ‚etikettieren‘ und zu ‚moralisieren‘, wäre es besser, genauer hinzuschauen und mehr Einzelheiten zu kennen. Daraus kann dann ein sinnvolles ‚intellektualisieren‘ und ‚politisieren‘ folgen. Mehr furchtlose demokratische Debattenkultur wäre wünschenswert, auch und gerade an Universitäten.

In den Debatten über Fortschritt und Konservativismus ist immer das Gift der Eliten-Konkurrenz unter Intellektuellen, die das Sagen haben wollen.

Bei unseren Gedankensplittern spielen vor allem die ‚Frankfurter Schule‘ und die ‚Ritter-Schule‘ eine Rolle. Im Nachhinein spricht man in Bezug auf die ‚Frankfurter‘ mit Adorno als erstem und Habermas als zweitem ‚postnationalem‘ Gründervater von der „intellektuellen Neugründung der Bundesrepublik“, in Bezug auf die erfolgreichen Ritter-Schüler wie Lübbe, Marquard, Spaemann, Böckenförde u. a.

von der „liberal-konservativen Begründung der Bundesrepublik". Zusätzlich ist die ‚Kölner Schule' von René König zu erwähnen, welche dem Institut für Sozialforschung in Frankfurt durchaus polemisch die *empirische* Sozialforschung entgegengesetzt hat. Zu dieser Schule gehörte auch Erwin K. Scheuch, der die ‚Neue Linke' als „Wiedertäufer der Wohlstandsgesellschaft" bezeichnete.

Meine beiden Lehrer in der Soziologie – Peter Heintz und Hans-Joachim Hoffmann-Nowotny – waren Vertreter dieser Richtung. Zu den Intellektuellen-Kritikern, die selber einflussreiche Intellektuelle waren, zählten zudem Helmut Schelsky und Arnold Gehlen, die beide aus der ‚Leipziger Schule' von Hans Freyer kamen. Sie waren alle Philosophen und Soziologen.

In Deutschland habe ich zum ersten Mal den Satz gehört: „Wenn Du Kollegen hast, brauchst Du keine Feinde."

Verfassungsrechtliche Debatten sind ebenso schwierig wie spannend, da sie immer Grundsätzliches berühren, das unter normalen Umständen nicht Thema ist. Bürger sollten sich deshalb an ihnen beteiligen können. Mit Können ist hier vor allem Sachkunde und Urteilsvermögen gemeint, da Legitimitätskonflikte auch in der besten Demokratie (mit ihren verschiedenen Elementen) vorkommen (demokratische Legitimationspolitik).

Zwischen *Enthusiasten* und *Fanatikern* muss man unterscheiden. Demokratie, insbesondere die direkte Demokratie, welche von

Volksinitiativen lebt, braucht Enthusiasten, die etwas bewegen wollen, während Fanatiker die Demokratie zerstören, weil sie ihre Grundlagen – Freiheit, Toleranz und Kompromissbereitschaft – verachten.

Bei allem Enthusiasmus, der von Zeit zu Zeit nötig und möglich ist, darf dabei der Wirklichkeitssinn nicht abhandenkommen. Er ermöglicht Selbstkritik, die deswegen noch nicht zum angepassten Realismus führen muss. Utopisten wiederum verweigern die Realitätskontakte, sie leben in einer anderen Welt.

Die Problematik von Revolutionen ist wieder eine besondere. Sie beginnen mit Grenzüberschreitungen, die nur revolutionär begründet werden können. Im Namen welcher höheren Normen dies geschieht, ist unterschiedlich. Ein Problem bleibt der Umgang mit den Abweichlern in den eigenen Reihen („Die Revolution frisst ihre Kinder"). Diesbezüglich setzen Revolutionen meist ein großes Gewaltpotential frei. Vor diesem Hintergrund waren die friedlichen Revolutionen in Osteuropa (mit Ausnahme von Rumänien) eine große Überraschung. Vom Typus her waren es *demokratische Revolutionen*, die heute weltweit angesagt sind, siehe zum Beispiel Armenien oder Tunesien.

Der größte Teil der Unzufriedenheit im heutigen Ostdeutschland speist sich aus den spezifischen Nachwende-Erfahrungen. In die sozialistische DDR will niemand zurück, aber in welche Demokratie will man voraus? Welche trägt man mit in aktiver Indifferenz mit Mut und Demut?

Fortschritt als Orientierungsproblem

Von einem preußischen General stammt der Satz: „Tradition heißt, an der Spitze des Fortschritts zu marschieren" (Scharnhorst). Warum muss es immer ‚marschieren' bzw. ‚exerzieren' sein (im preußischen, nicht im schweizerischen Sinne)? In der Schweiz gab es während des ersten Weltkrieges einen Aufstand gegen die „Verpreußung der Armee". General Wille war ein Anhänger davon; es gab sogar ‚Kaisermanöver', aber auch eine ‚Gotthard-Meuterei' mitten im Krieg, als es den Bauern zu viel wurde und sie nach Hause in ihre ‚Heimetli' gingen, um das zu tun, was auf der eigenen Scholle zu erledigen war.

Franz-Josef Strauss hat den Satz von General Scharnhorst verwendet für das aufstrebende Bayern – vom rückständigen Land an die technologische Weltspitze mit Strauss als fliegendem Außenminister. Heute dient der Satz vielfach für das, was *konservativ* sein soll. Demnach sind es die Konservativen (auch im parteipolitischen Sinne des Wortes), die *mit* ihren Traditionen (Familie, Heimat, Religion und Vaterland) an der Spitze des Fortschritts sein wollen.

Zum Konservativen gehören per definitionem bewährte Traditionen, das ist keine Frage. Fraglich aber ist, *welche* Traditionen sich *wie* bewährt haben, abgesehen von der vernünftigen Maxime der Chirurgen: vorsichtig an eine Operation heranzugehen und nicht zu viel auf einmal herauszuschneiden.

Man kann die hauptsächlichen politischen Strömungen *nach* der französischen Revolution vereinfacht nach ihren Leitwerten sortieren: für den *Liberalismus* ist es die größtmögliche Freiheit, für den *Sozialismus* die größtmögliche Gleichheit oder soziale Gerechtigkeit und für den *Konservativismus* die Orientierung an den genannten Traditionen. Die Definition von Franz-Josef Strauss ist dann zu relativieren, vor allem die sogenannte „Spitze des Fortschritts".

An dieser Spitze wollen heute in einer modernen, ausdifferenzierten und liberalen Gesellschaft alle sein: vor allem die wichtigsten gesellschaftlichen Bereiche wie Wirtschaft, Wissenschaft und Technik, wobei das Wort ‚wollen' einzuschränken ist: Sie *müssen* dort sein: „Wenn wir nicht handeln, sind andere schneller" (Altmaier).

Die Zukunft dieses Fortschritts ist heute so offen wie nie. Seine Dynamik in den zentralen Funktionssystemen, die sich nur noch auf sich selber beziehen, ist außerdem überwältigend schnell geworden, so dass man oft nicht mehr weiß, wo die Spitze des Fortschritts gerade ist. Man spürt aber deutlich die große Macht derer, welche diese Spitze definieren (heute die USA und China) und wird unter Nachholungsdruck gesetzt (Deutschland etwa in Bezug auf die künstliche Intelligenz). Der *Ruck*, den Bundespräsident Herzog für Deutschland noch forderte, ist ein *Druck* geworden.

„Wir müssen in Europa die weltbesten Batterien bauen". Dieses Verhalten unter dem Diktat der Anschluss- und Konkurrenzfähigkeit würde ich nicht als konservativ bezeichnen. Konservativ sind eher die Analyse und die Trauer über Fortschrittsverluste, die dabei entstehen.

‚Konservativ' ist kein Schimpfwort.

Wahrheit und Toleranz

Wichtiger als die *Wahrheit* ist offenbar die gekonnte Lüge und Verstellung. Das ist keine Wertung, sondern eine Feststellung. Normativ schwierig ist es, die Wahrheit zu definieren, denn es gibt verschiedene Wahrheitstheorien (Korrespondenz, Konsens, Kohärenz, Evidenz).

Wahrheit wird erarbeitet und ist etwas Zusammengesetztes, bisweilen auch etwas Evidentes, auf das gezeigt werden kann. Ebenso einleuchtend ist, dass es *Tugenden der Wahrheit* gibt wie Genauigkeit und Wahrhaftigkeit (Williams).

Hans Blumenberg spricht kritisch vom „Rigorismus der Wahrheit". Offenbar ist sie nicht immer von Nutzen und muss dosiert werden aus Rücksicht auf andere. Manchmal aber ist das Pochen auf Wahrheit allein schon Opposition – gegen die Lügen und Manipulationen der Macht.

In der demokratischen Politik gibt es Machiavellismus im Wettbewerb der Parteien. Es geht dabei nicht um *die* Wahrheit, sondern eher um ein Ringen um die Wahrheit und vor allem darum, *dass* dieses Ringen gewährleistet bleibt, so dass verschiedene Wahrheiten koexistieren können.

Wofür also sollten wir einstehen? Für die Tugenden der Wahrheit und gegen die Manipulationen der Macht.

Wir kennen den Spruch „es ist schon bald nicht mehr wahr". Dieser Satz verweist auf zwei Komponenten von Wahrheit: Erstens hat sie einen Zeitindex und zweitens etwas Trans- und Intersubjektives. Das heißt: sie ist in einem bestimmten Kontext intersubjektiv erarbeitet und befestigt worden. Entfällt dieser Kontext, werden auch die Wahrheiten bröckelig.

Ich frage mich, ob Wahrheit und Richtigkeit in dieser tragenden Intersubjektivität aufgehen (intersubjektivistische Wahrheitstheorie). Sicher ist, dass sie über Subjektivität (transsubjektiv) hinausgehen, wenn auch nicht immer in der Realität, so doch dem normativen Anspruch nach, woran festzuhalten ist.

Wissen ohne allzu viel zu denken, ist besser, als viel zu denken ohne zu wissen. Denken als Weiterdenken ist freilich immer gut (cogito ergo sum) und nötig. In diesem Zusammenhang wird noch einmal (und immer wieder) zu bedenken sein, was Wissen ist – wie wir es erzeugen und wofür es verwendet wird. Der Zusammenhang von ‚Erkenntnis und Interesse' (Habermas 1968) ist nicht obsolet, obwohl sich die wissenschaftssoziologischen

Umstände ebenso verändert haben wie die Umstände der philosophischen Reflexion.

‚Gedachtes Leben‘ ist reichhaltiger als ‚gelebtes Denken‘. Es schließt das Empirische und Konkrete nicht aus der Philosophie aus, sondern schließt es mit Fleiß und Akribie ein, was zur Folge hat, dass das politische Denken weniger ideologischen Irrtümern unterliegt.

Bleibt man offen, so bleibt auch die Richtung grundsätzlich offen und korrigierbar, denn Lernbereitschaft setzt Offenheit voraus. Das schließt den Dialog mit der Tradition nicht aus. Das neue Potsdamer Toleranzedikt sollte dies ermöglichen.

Toleranzedikt als Stadtgespräch

Offenheit ist eine Haltung, und zwar eine tolerante Haltung, nicht ohne Identität. Sie ist nicht statisch, sondern dynamisch. Sie ist liberal *und* sozial.

Toleranz bedeutet für die Potsdamer:

- Respekt und Akzeptanz des Anderen;
- Aufeinander zugehen und miteinander ins Gespräch kommen;
- zuhören können;
- Unterschiede als Bereicherung erfahren;

- Konflikte zivil austragen;
- an die Stelle der Ausgrenzung die Integration setzen;
- Toleranz und Solidarität verbinden;
- Mobbing, Gewalt, Fremdenfeindlichkeit und politischen Extremismus nicht zu dulden (Neues Potsdamer Toleranzedikt).

Toleranz ist keine statische Haltung, sondern prägt den alltäglichen Umgang der Menschen und führt zu Lernerfahrungen.

Die Methode Toleranzedikt als Stadtgespräch sollte das aufgebauschte Sarrazin-Theater ersetzen: „Mit ein bisschen Michael Kohlhaas im Blut hätte ich eine Staatskrise herbeiführen können" (Sarrazin 2010). Lässt sich in Deutschland tatsächlich so schnell eine Krise herbeiführen? Immer wieder dieser hysterische Krisendiskurs in einem Land, welches mehr im Zustand der Nicht-Krise ist als in der Krise.

Liberale bürgerschaftliche Gemeinwesen müssen zwischen Intoleranz und dem Nicht-Tolerierbaren unterscheiden können, was nicht immer einfach ist. Das Nicht-Tolerierbare müssen sie klar benennen und entschieden bekämpfen. Toleranz und Entschiedenheit schließen sich nicht aus.

Als 2008 an der Universität Potsdam der Vortrag der Bundestagsabgeordneten Erika Steinbach, die vom Historischen Seminar eingeladen worden war, verhindert wurde, hatten wir vom Toleranzedikt aus diesen Toleranzeklat kritisiert. Darauf wurde ich mit einem The-

Toleranzedikt als Stadtgespräch: Talk-Reihe „Wunderbarer Osten?!
Der Ost-Ost-Dialog" im August 2019.

senanschlag an meiner Bürotür der ‚repressiven Toleranz' bezichtigt. Repressive Toleranz war ein Schlagwort meiner Schülerzeit, mit dem wir den bürgerlichen Liberalismus in Zürich kritisierten. Der berühmte Essay von Herbert Marcuse ist Teil einer Sammlung ‚Kritik der reinen Toleranz', die 1965 in den USA erschienen ist. Ich weiß nicht, ob der Titel ‚Repressive Toleranz' von Marcuse selber stammt. Der Begriff spielt in der Abhandlung jedenfalls keine große Rolle, denn Marcuse, einer meiner Lieblingsautoren der damaligen Zeit, war ein *Enthusiast der Toleranz*, den deren Blockierung störte. Allein sein Engagement für die Toleranz lohnt noch einmal die Lektüre.

Tatsächlich ist es in Berlin und Potsdam kein Einzelfall, dass missliebige Vortragende, die von der Universität eingeladen werden, selbst Minister wie de Maizière, nicht zu Wort kommen. Das erinnert an eine schlechte akademische Tradition.

In der französischen Menschenrechtserklärung von 1789 wird die „Meinungsfreiheit" als eines der „kostbarsten Menschenrechte" deklariert (Art. 11).

Selber-Denken

Wer informiert ist, meint Bescheid zu wissen. Heute kann man sich sehr schnell über Vieles informieren. Aber Information und wirkliches Bescheid-Wissen sind nicht dasselbe. *Wissen* muss man sich erst erarbeiten, es geht über Information hinaus. Zum Wissen gehört eine reflexive Komponente.

Selber-Denken macht Freude, wenn es in kleiner oder größerer Runde, vielleicht auch im Klassenzimmer oder im Hörsaal zum Weiterdenken anstiftet.

Das Selber-Denken mündet häufig in eine eigene, oft eigensinnige ‚Hausphilosophie' (Diderot). Hier begegnen sich Heine und Diderot.

Diderot, der nicht daran glaubte, dass man in einer modernen Gesellschaft noch Christ sein kann, gibt es auch in einer christlichen

Variante: Prüfe alles und behalte das Beste (Paulus). Dieses Sammeln hat eine reflexive und eine empirische Komponente.

„Selbstdenken heißt der oberste Probierstein der Wahrheit in sich selbst (d. i. in seiner eigenen Vernunft) suchen; und die Maxime, jederzeit selbst zu denken, ist die Aufklärung" (Kant, Was heißt: Sich im Denken orientieren? 1786).

Kant vertraut im Hinblick auf den aufgeklärten Absolutismus Friedrich II. auf die kritische Öffentlichkeit, nämlich darauf, dass sich „unter den eingesetzten Vormündern des großen Haufens" genug „Selbstdenkende" finden, die es wahrscheinlich machen, dass das „Publicum sich selbst aufkläret" (Was ist Aufklärung? 1784). Inwiefern ist diese Wahrscheinlichkeit unter den Bedingungen des neuen Strukturwandels der Öffentlichkeit noch gegeben? Kann man darauf vertrauen angesichts des großen Vertrauensverlustes, den die Medien und die Politik erlitten haben?

Es gibt auch eine geistige Kondition: erzählen und zuhören, immer wieder.

Als Lehrer muss man sich oft wiederholen, als Politiker noch öfter. Als Politiker kann man nicht sagen: Ich weiß es nicht. Man muss zu allem eine Meinung haben, und zwar kurz und geschliffen. Solchen Zwängen unterliegen Lehrer zum Glück nicht, obwohl sie auch vor Publikum sprechen müssen, was nicht immer einfach ist. Es ist indessen sozusagen ein intimes Publikum im Klassenzimmer, während das Publikum des Politikers eine unermessliche und unbekannte Größe angenommen hat.

Ein Politiker muss bekannt werden, keine Frage, denn er muss ja auf dem Wahlstimmenmarkt Erfolg haben. Ein Lehrer muss das zum Glück nicht. Aber auch Lehrer meinen oft, gegen Schweigen ankämpfen zu müssen, als ob, wer schweigt, nicht denkt. Die kleine Machtposition des Lehrers besteht darin, dass er Fragen stellen kann und die Antworten bewerten muss. Die Schwierigkeit des Politikers besteht darin, dass er auf alle Fragen eine Antwort geben muss. Schwächen sind nicht erlaubt, obwohl sie offensichtlich sind.

Wohlstand und Sicherheit

Die normative Trias „Recht, Toleranz und Solidarität" als europäisches *Narrativ*, wie es in der Präambel der Brandenburgischen Verfassung von 1992 steht, ist nicht identisch mit der modernen Trias gesellschaftlicher *Dynamik* „Freiheit, Wohlstand und Sicherheit". Diese Werte gehen dramatisch auseinander.

Inzwischen steht nicht mehr Freiheit an erster Stelle, sondern Sicherheit im erstmaligen gemeinsamen Europawahlkampf von CDU/CSU 2019. Und das in einem der „sichersten Länder der Welt" (Seehofer) oder vielleicht gerade deswegen!

Die SPD schickt die sympathische Frau Barley ins Rennen. Auf unübersehbar großen Plakaten steht: „Miteinander" und „Zusammenhalt" – „Europa ist die Antwort". Vielen Bürgern wird durch den Kopf gehen: Genau darauf ist Europa am allerwenigsten eine Antwort.

Auch die Schweizerische Volkspartei in Zürich führt den Wahlkampf inzwischen mit der Parole „Sicherheit und Freiheit". Sicherheit zuerst, früher hieß es immer: Freiheit zuerst.

Die Reihung der Worte, die Grundwerte sind, ist verräterisch.

‚Sicherheit' verdrängt gegenwärtig in der Politik fast ‚totalitär' die anderen Ziele und Werte auf die hinteren Plätze.

Migration und Sicherheit – wer darauf keine gemeinsam tragenden Antworten hat, wird heute keine Mehrheiten finden.

Vergessen wir nicht, dass zum Beispiel der ‚Fall Amri' buchstäblich jede Wohnungsstube erreicht hat: Der 19. Dezember 2016 war nicht nur ein Ereignis, sondern ein bisher *unvorstellbares Ereignis*, dass jemand, der vorher die Sicherheitsbehörden intensiv beschäftigte, einen Lastwagen in den Weihnachtsmarkt an der Berliner Gedächtniskirche fahren konnte mit 12 Toten und 55 Verletzten. Offensichtlich handelt es sich dabei um ein *Staatsversagen*.

Auch beim Fall NSU (Nationalsozialistischer Untergrund, der Terrorlisten führte), handelt es sich um ein Staatsversagen, und das bei einem funktionierenden Rechtsstaat. Diese Fälle erschüttern hier mehr das Sicherheitsempfinden als dort, wo es keine rechtsstaatliche Ordnung gibt.

Kann unser Begriff des Politischen, die enormen Erwartungen an *die* Politik (als Politik der Zukunft, Erdpolitik, handlungsfähiger Staat usw.) erfüllen? Oder tut sich hier eine fatale Diskrepanz auf?

Beim Historiker Reinhart Koselleck kann man viel über die *Politik der Begriffe* lernen. Letzteres ging der philosophischen Hermeneutik des Heidegger-Schülers Hans-Georg Gadamer doch zu weit und zu sehr in die Niederungen der praktischen Politik, weshalb er mit der ‚Politischen Philosophie in Deutschland' (1963) von Lübbe und mit der praktischen Philosophie der Ritter-Schüler seine Schwierigkeiten hatte. Was sollte ‚Weltkriegsphilosophie' mit der Philosophie in seinem Sinne zu tun haben? Das spricht gegen die abgehobene akademische Philosophie und für die Praxis der praktischen Philosophie, von der Ethik und politische Theorie Teile sind.

Von keinem anderen deutschen Philosophen habe ich mehr Literaturhinweise bekommen als von Jürgen Habermas, dem Antipoden von Lübbe. In der Schule las ich die Aufsatzsammlung ‚Theorie und Praxis' (1971) mit ihrem großartigen Vorwort zur Frage, wie beide Seiten zu vermitteln sind. Der Satz: „Aufklärung kennt nur Beteiligte" ist mir geblieben.

Das Überdrehen von Mini-Minderheiten-Politik, das Verdrängen der großen Probleme (nicht nur der ökologischen Krise) sowie die Zivilisierung von durchsetzungsfähigen Mehrheiten und lautstarken Minderheiten bilden heute ein unauflösliches Problemknäuel.

Freilich bringt man Diskurs und Dezision nicht so leicht zusammen, das ist ja gerade das Problem demokratischen Regierens und seiner Legitimation, heute mehr denn je, wo es eine überwältigende Anzahl von Diskursen gibt und zahlreiche Notwendigkeiten verantwortlicher Dezision angesichts dessen, dass die Zeit der Problemlösung drängt. Nicht alles kann delegiert werden, und die Verantwortung kann nicht immer hin- und hergeschoben werden.

Allerorten wird über *Überforderungen* geklagt. Es gibt sie nicht nur gefühlt, im Stress und am Limit. Sie ist auch messbar: am Krankenstand, den Depressionen, der mangelnden Zeit, dem Mobbing und der Überbelastung. Der erste Schritt, diese Überforderungen abzubauen, wäre Ehrlichkeit; der zweite: eine bessere Arbeitsteilung, der dritte: Machtteilung.

„Das Wesen der Bedeutung gibt es nicht" (Wittgenstein). Also ist die sprachphilosophische Hermeneutik ein guter *demokratischer* Ausgangspunkt für eine vernünftige Diskussion über Freiheit, Toleranz, Gerechtigkeit und Solidarität, an der *alle* teilnehmen können.

Gleichheit

Der Soziologe Helmut Schelsky sprach anfangs der 60er Jahre davon, dass Bildung der Chancenverteiler geworden sei. Daran *glauben* wir noch heute. In die Bildung soll deshalb laut mehrheitlicher Bevölkerungsmeinung am meisten investiert werden, was die Politik nicht tut. ‚Bildungsrepublik' ist in der realen Bundesrepublik ein schönes Wort geblieben.

Schon Mitte der 60er Jahre schrieb der französische Soziologe Pierre Bourdieu ein Buch mit dem treffenden Titel: „Die Illusion der Chancengleichheit". Bourdieu entwickelte gleichzeitig die *Habitustheorie als differenzierte Klassentheorie*. Demnach wird weniger nach Leistung, sondern mehr nach sozialer Ähnlichkeit selektiert.

Bourdieus große empirische Studie ‚Homo academicus' (1984) hat Seltenheitswert. Allerdings bezieht sie sich nur auf das französische (besonders elitäre) System. Für die politische Elite heißt der Titel entsprechend ‚Der Staatsadel' (1989).

Viel später bilanziert Hans-Ulrich Wehler in seiner monumentalen „Deutschen Gesellschaftsgeschichte" (2008), dass die Chancengleichheit, auf die man in der sozialdemokratischen BRD so großen Wert legte, gescheitert sei. Man könne höchstens von „Chancengerechtigkeit" sprechen, auch für das „katholische Mädchen vom Lande" (Dahrendorf).

Ralf Dahrendorf beschäftigte sich immerhin mit den Chancen von Arbeiterkindern an Universitäten (1965). Er ist einer der wenigen, der sich ein Leben lang als empirischer Soziologe *und* politischer Theoretiker mit dem Thema ‚Gleichheit' intensiv auseinandersetzte.

Der scheinbar einfache Begriff ‚*Gleichheit*' ist schwierig. Was ist damit genau gemeint? Gleichheit und Freiheit schließen sich ebenso wenig aus wie Freiheit und Sicherheit. Auch bei Rousseau geht es nicht um buchstäbliche Gleichheit in welcher Hinsicht auch immer, sondern um *Ausgleich* durch die „Kraft der Gesetzgebung" (‚Gesellschaftsvertrag' 1762).

Tugenden und Haltung

Nicht durchgängig, aber begrenzt gibt es eine Hierarchie unter den Tugenden. Bei Aristoteles sind es 36 Einzeltugenden und Laster (Nikomachische Ethik).

In seiner philosophischen Revue lässt Martin Seel sogar 111 Tugenden und 111 Laster auftreten, die er genau beschreibt (2011). Sie decken ein vielfältiges Verhaltensrepertoire ab, das jede einseitige Moraltheorie sprengt.

Nicht alle Laster sind gleich schlimm. Das Schlimmste ist die Grausamkeit.

Die oberste Tugend bleibt die Urteilsfähigkeit. Für die politische Theorie kommt noch die Handlungsfähigkeit hinzu.

Mäßigend sein zu können ist wichtig und eine Voraussetzung für Kompromissbereitschaft. Aber auch mit der Mäßigung kann man übertreiben wie mit allen Tugenden.

Als Demokrat wird man nicht geboren, mann/frau lernt es. Das Lernen an Beispielen begünstigt die Erziehung von Demokraten. Dies gilt schulisch wie außerschulisch. Ohne Fehler lernen wir nicht. Dafür braucht es Toleranz *und* den Mut zur Erziehung, der Fehler zu korrigieren versucht.

Was zeichnet ‚echte Demokraten‘ aus? Dass sie nie ausgelernt haben und deswegen offenbleiben, um eine richtige Richtung zu finden. Und: Dass sie sich an gemeinsam beschlossene Verfahren und ihre Ergebnisse halten, was nicht immer einfach einzurichten ist. Nur in sehr gut begründeten Ausnahmefällen darf dagegen verstoßen werden: ziviler Ungehorsam ist umso legitimer, je besser er moralisch-politisch begründet ist. Er sollte nicht inflationiert werden.

Wenn die Gesetze durch alle erlassen werden, kann von Gehorsam nicht die Rede sein (Spinoza). Dennoch reden wir von ‚Rechtsgehorsam‘. Das hat seinen Grund, denn niemand darf in Kohlhaas-Manier das Recht in die eigene Regie nehmen, das würde das Recht zerstören.

‚Haltung' – was ist das? Sich an etwas halten, etwas durchhalten, auch in schwierigen Situationen, gegen den Zeitgeist, gegen die Mehrheit, den Mainstream usw. ist angesehen. In einer Haltung ist man festgelegt. Ist sie eine Tugend? Sind Tugenden Haltungen? Bei der Moderne, wo die Freiheit des Individuums zum Zuge kommt, ist es schwierig, eine Balance zu halten (Haltung!) zwischen Offenheit und Tugend.

In Deutschland heißt ‚Haltung' gegenwärtig: Gesicht zeigen gegen Rechts.

Haltung ist mehr als der Positionsbezug einer begründeten Meinung von Fall zu Fall. Sie darf aber nicht zur Borniertheit führen. Deshalb sind Offenheit und Toleranz so wichtig, denn sie bleiben trotz Haltung und Positionsbezug offen für die richtige Richtung, ja sie ermöglichen sie erst. Toleranz und politische Entschiedenheit schließen sich aber nicht aus. Politiker sind eher an Zielen und Durchsetzungsvermögen orientiert als an Toleranz.

Keine Haltung ist vor *Verführung* gefeit. Verführungen gibt es viele und überall. Vielleicht wäre es weiterführender, offen und ehrlich über Verführungen zu sprechen als ständig nur Werte und Tugenden zu beschwören. Für Politiker liegt die größte Versuchung in der ebenso faszinierenden wie rücksichtslosen Größe der Machtvertikale.

Außerdem bleibt Korruption ein Hauptthema der politischen Theorie. „Ambizione e corruzione" (Machiavelli) gehören zusammen, denn Macht braucht Kooperation. Kooperation und Korruption sind aber häufig verflochten. Macht korrumpiert. Manche sagen: auch Geld korrumpiert (ab einer bestimmten Höhe), weshalb sie Gehälter und Boni begrenzen wollen.

Die Großmacht ‚Sexualität' wird gleichermaßen unter- wie überschätzt.

Ein ebenso großes Problem wie die Verführung ist die verführerische Utopie des guten Herrschers. Sie stammt von Platon. Ihre Wahrheit ist *die* Gerechtigkeit. Der gute Herrscher ist der gerechte Herrscher, allein bei ihm ist die Gerechtigkeit in guten Händen. Seit je verbünden sich auf diese Weise die von ‚ganz unten' mit denen von ‚ganz oben', denen sie vertrauen. Dies war auch das Verhältnis des plebejischen Aufklärers Ulrich Bräker zu Friedrich dem Großen, während er gleichzeitig allen „Schöngeisterlein", ja selbst den Aufklärern als „Geistesfürsten" misstraute.

Es wird viel kommuniziert, aber wenig miteinander gesprochen. Dafür fehlt die Zeit. Die politische Kommunikation wird zunehmend professionell organisiert und inszeniert mit Hilfe von Social-Media-Experten. Die kritische Öffentlichkeit soll möglichst außen vor bleiben. Man will die Nachrichten und Bilder selber produzieren.

Die Demokratie lebt von inneren Spannungen, die nicht einfach aufzulösen sind, weswegen es auch zu Demokratiekonflikten in der Demokratie kommt. Eine vollendete Demokratie gibt es nicht, es gibt allenfalls – und das ist viel – eine rechtsstaatliche Demokratie. In diese Demokratie ist mit den Bürger- und Menschenrechten ein Überschuss *eingebaut*. Sie bleibt aber *verwurzelt* in einer lokalen, regionalen und nationalen Kultur, was nicht heißt, dass Elemente einer transnationalen Demokratie nicht möglich sind, etwa in der EU.

„Das Private ist politisch". Dieser Satz hat inzwischen aufgrund der demokratischen Bürgerinnen-Souveränität mehrere Bedeutungen gewonnen, auch eine ökologische.

Exzentriker sind nicht immer gute Politiker. Aber die Politiker und Parteien sind auch nicht die Monopolisten der guten Ordnung. Was für eine Ordnung ist die Demokratie? Welche Rolle spielt der Staat dabei?

Macht und Widerstand

Die beste Definition *asymmetrischer* Macht stammt von Max Weber: „Macht bedeutet jede Chance, innerhalb einer sozialen Beziehung den eigenen Willen auch gegen Widerstreben durchzusetzen, gleichviel worauf diese Chance beruht."

Macht und Widerstand gehören zusammen. Wo Macht ist, ist Widerstand – und umgekehrt.

Macht und Widerstand haben freilich unterschiedliche Gesichter und Begründungen.

Macht sollte keinen Hass erzeugen (so Machiavelli), der Widerstand ebenso wenig (so Gandhi). Hass erzeugt Gewalt. Wenn es zu Gewalt kommt, wer bestimmt dann die Grenze zwischen Bürgern und Terroristen?

Otto Kirchheimer, der linke Schüler von Carl Schmitt, wusste noch genau, was es bedeutet, dass der demokratische Rechtsstaat versucht, das Widerstandsrecht überflüssig zu machen. Das ist eine große zivilisatorische Leistung.

Zu den Pogida-Demonstrationen (2016) in Potsdam sagte der Chef der Polizeigewerkschaft: „Das Schlimmste sind dann Sprechchöre von linken Politikern ‚deutsche Polizisten schützen die Faschisten‘. Das ist die größte Schweinerei. Wir schützen nicht Faschisten, sondern den Rechtsstaat.“

Gandhi wusste, was im kleinen Wörtchen ‚zivil‘ steckt. Nicht nur ‚friedlich‘ als Mindestbedingung, sondern ebenso ‚höflich‘, ‚wohlwollend‘, ‚nicht verbrecherisch‘ und nie ‚hasserfüllt‘.

Überrascht war ich, als ich 1988 in New York auf einem Büchertisch

der jungen Black Panthers das Buch von Major von Dach über Widerstand, das er als sehr praktisches Lehrbuch für Schweizer Un-
teroffiziere (1957) entwickelt hatte, in englischer Übersetzung fand.

In der französischen Menschenrechtserklärung von 1789 gibt es ein
Menschenrecht auf „Widerstand gegen Unterdrückung" (Art. 2). Die
Semantik von Widerstand ist freilich facettenreich.

Ich bin mir nicht sicher, ob der zivile Ungehorsam in Deutschland
wirklich *eingebürgert* ist. Diskurs und Realität sind zweierlei.

Leider wird inzwischen auch ‚ziviler Ungehorsam' leichtfertig verwendet, was ein großer Fehler ist.

Machtsorten gibt es verschiedene: ökonomische, kulturelle, politische, technologische, militärische und strategische.

Ist Macht nur und vor allem das Recht des Stärkeren? Es gibt verschiedene Stärken und Schwächen. Dezisionsstärke und Willens-
schwäche gehören dazu.

Macht hat einen Doppelcharakter, denn sie entmachtet und er-
mächtigt zugleich.

Solange du handeln kannst, bist du nicht machtlos.

Selbstermächtigung hat ihre zivilen Grenzen.

Ohnmächtig ist man erst, wenn man kapitulieren oder auswandern *muss*.

Die kommunikativ-symmetrische Macht der Menschen verstehe ich vor allem als demokratische Handlungsmacht des Zusammenhandeln-Könnens, was Bündnisfähigkeit voraussetzt.

Masse und Macht

Das Handeln-Können (potentia agendi) gehört zur Conditio humana und kommt nicht erst durch Machtmittel oder Machtsorten zustande. Die zivile kritische Masse kann deshalb unberechenbar und überraschend zur demokratischen Handlungsmacht werden, heute mehr denn je. Dem wichtigen, aber wenig politologischen Buch ‚Masse und Macht' (1960) von Elias Canetti wären heute neue interessante Facetten hinzuzufügen.

Nach Canetti haben *Massen* vier Eigenschaften: Sie wollen immer wachsen (1.), innerhalb von ihnen herrscht Gleichheit (2), sie lieben Dichte (3.) und brauchen eine Richtung (4.). Im Herbst 1989 in der DDR lässt sich gut beobachten, *wie die Masse Macht bekommt*.

Die Demonstration am 4. September 1989 vor der Nikolaikirche in Leipzig gilt als Beginn der landesweiten Proteste. Immer größere Teile der Bevölkerung gehen nun auf die Straße, nicht nur in großen Städten. Als historischer Durchbruch gilt die

Montagsdemonstration vom 9. Oktober 1989 mit 70.000 Teilnehmern in Leipzig. Sie ist die erste Demonstration, die nicht gewaltsam aufgelöst wird. Von da an gab es kein Halten mehr. Die Bevölkerung hatte ihre Angst überwunden, und die Kraft der Straße wurde zu einem demokratischen Massenphänomen: Die zivile Masse ist somit zu einer Macht geworden selbst gegenüber der einschüchternden polizeilich-militärischen Macht des politischen Systems. Das sahen auch Generäle als ‚Helden des Rückzugs' ein.

Auf die zivile Masse mit Urteilskraft (critical mass) kommt es an, aber jeder stirbt allein.

Worin besteht die Zukunft der Macht?

Slavoj Žižek postuliert, dass wir auf die „Verbindung von Privatunternehmen und Geheimdienstorganisationen schauen sollten, die unsere Gemeingüter verwalten." Diese Verbindung hält er für die *„ultimative Gestalt der neuen Macht"* und mit Trotzki empfiehlt er die „Besetzung des digitalen Netzwerks", denn weder „breit aufgestellte Graswurzel-Proteste (...) noch gut organisierte Bewegungen" würden etwas bringen. Wir brauchen vielmehr „Einsatzkräfte" im Sinne Trotzkis, das sind: Hacker und Whistleblower: „Ihre Aufgabe wäre es, das digitale Netz den Händen der Unternehmen und den staatlichen Organisationen zu entreißen". Als Anfang sieht er Wikileaks, sein Held ist Assange.[3]

---

3 In: Neue Zürcher Zeitung, 29. 9. 2018.

Mein Held ist Edward Snowden, der als Verfassungspatriot den neuen digitalen Ungehorsam vertritt, aber in den USA nicht auf einen fairen Prozess hoffen kann.

Josef Joffe, der Herausgeber der ‚Zeit‘, spricht ironisch von Deutschland als „moralischer Supermacht" (2018).

Dieselbe Zeitung titelte auf der ersten Seite zum 80. Geburtstag von Jürgen Habermas: „Weltmacht Habermas". Diese Visitenkarte möchte man gerne abgeben.

Im Unterschied zu einer Regionalmacht (wie beispielsweise Iran) hat die Macht einer Supermacht *globale* Auswirkungen, auch auf Freunde und Bündnispartner (siehe NSA-Skandal).

Die strategischen Rivalitäten zwischen USA und Russland, China und USA gehen weit über Machiavellismus hinaus. Für sie braucht es derzeit eine eigene Politikwissenschaft.

‚Luxemburgismus‘ hieß in der DDR eine Abweichungstendenz, die zu sehr an die Spontaneität der Massen glaubte, wie die ‚Einheitspartei‘ meinte, die immer recht hatte, weil der Marxismus-Leninismus *die* Wahrheit war.

Die Rolle der zivilen Massen für eine demokratische Revolution ist noch nicht genügend geklärt, obwohl sie offensichtlich ist und aufgrund der neuen Medien immer wichtiger wird.

Massenproteste können heute aufgrund der neuen Mächte mehr denn je eine überraschende Eigendynamik annehmen. Niemand kann vor ihnen sicher sein. Das ist die Angst der Autokraten, der sie mit dem Ausbau des Überwachungs- und Polizeistaates vorzubeugen versuchen. Ein Autokrat regiert nie allein.

Wie lange kann Oppositionsführer Guaidó noch Massen mobilisieren, so lautet die Frage im Frühling 2019 in Venezuela. Und wie verhält sich das Militär? Wer sabotiert die Infrastruktur? In Tunesien stand das Militär auf der Seite des Volksaufstandes. In Ägypten und Syrien war es anders. Militär und Polizei sind die unbekannten und unterschätzten Größen in der Politikwissenschaft. In Ägypten baut das Militär gerade seine Macht mittels eines Verfassungsreferendums aus.

Guaidó will den Regierungswechsel mit einem Generalstreik herbeizwingen. Das erinnert an die historische Massenstreikdebatte 1905/06, diesmal nicht für, sondern gegen den Sozialismus, der das Land ruiniert hat.

Wir müssen zwischen ziviler kritischer Masse und totalitär organisierter Masse ebenso unterscheiden wie zwischen alten und neuen Formen des Mobs, die mit ‚unmittelbarer Demokratie‘ nichts zu tun haben.

Ist, wer über den Shitstorm verfügt, der neue Souverän? Wer kann das verhindern? Wohl nur der ‚Common sense der Vielen‘.

Die *Bürgerbeteiligung* wird heute professionalisiert. Was bedeutet das für die Bürger/Innen? Teure Werkstattverfahren ersetzen zuweilen echte Beteiligung. Und die Parteien kümmern sich weiterhin kaum um eine verbesserte Bürgerbeteiligung, denn sie sind selber klein und ausgelastet und möchten ihre ohnehin schon kleine Macht nicht teilen.

In Ostdeutschland sind etwa 1 Prozent der Bevölkerung in Parteien (in Westdeutschland 2 Prozent). An vielen Orten kommen sie gar nicht vor. Deshalb sucht die AfD 2019 den Kampf in der Fläche und auf den Dörfern. Überdies ist sie im Internet weit mehr präsent als die anderen Parteien.

Alle Seiten wirken überfordert, natürlich auch das zeitlich und sachlich begrenzte Ehrenamt. Es sollte deshalb zu neuen Aufgaben- und Machtteilungen oder *Allianzen* zwischen Parteien und Bewegungen in der Zivilgesellschaft kommen. Das Konzept der ‚Bündnispartei‘ geht ebenso in die richtige Richtung wie eine neu strukturierte Bürgerbeteiligung im Mächtedreieck von ‚Politik, Verwaltung und Bürgerschaft‘.

Viktor Perli war 1979 in Gorleben noch nicht dabei. 2008 bis 2013 war er Landtagsabgeordneter in Niedersachsen, weshalb er die Prüfungen immer wieder verschieben konnte, bis er schließlich der letzte Mohikaner im alten Magister-Studiengang Politikwissenschaft an der Universität Potsdam war. Die aufschlussreiche

Abschlussarbeit behandelt einen der schwierigsten Konflikte, die es gibt, nämlich die Endlagersuche für hochradioaktive Abfälle. Es muss ein legitimes Verfahren gefunden werden, welches von allen Konfliktakteuren anerkannt werden kann, ohne dass der Eindruck simulativer Akzeptanzbeschaffung entsteht.[4]

Wir müssen heute für vieles eine (geteilte) Verantwortung übernehmen, was wir gar nicht verantworten können. Wie richtet man eine demokratische Verantwortungsteilung ein?

In Deutschland ist von ‚Aufstand' und ‚Aufstehen' viel die Rede, vor allem auf Plakaten. In Wirklichkeit regiert ein verwaltungszentrierter Politikbegriff. Tatsächlich wird viel demonstriert, aber es verläuft auch viel im Sande.

Der Begriff der Masse ist noch immer negativ konnotiert, da man mit ihr das ‚Löschen des Individuums' verbindet. Eine zivile kritische Masse von Individuen ist jedoch nicht nur möglich, sondern auch wünschenswert.

Der *Ernstfall* spielt in der politischen Theorie eine prominente Rolle, auch die Unterscheidung zwischen ‚Ausnahme' und ‚Regel', was nicht dasselbe ist. Der Konflikt zwischen Ordnung und Störung sollte auch unabhängig vom Ernstfall behandelt werden können. Das wäre Zeichen einer reifen politischen Kultur. Unkultur ist hingegen der reflexhafte Kurzschluss auf den Ernstfall bei jeder Störung der Ordnung.

---

4 Siehe: Viktor Perli, Atommüll – vom Technik- zum Standortkonflikt? Konfrontation und Kooperation bei der Endlagersuche, Berlin 2017. Heute ist der Autor Bundestagsabgeordneter.

Die politische Theorie hat mehrere Pfeile im Köcher. Der Streit um die richtige Ordnung ist nicht immer ein Kampf bloß ums Überleben (Ernstfall), er wird mit vielen Instrumenten geführt.

Die „Romantisierung des Ausnahmezustandes" hat Lübbe Carl Schmitt vorgeworfen. Das muss ihn, als Kritiker der politischen Romantik, besonders getroffen haben. Diese Kritik gilt aber für alle Extremisten, die Bürgerkriege provozieren wollen.

Der Krieg der Worte ist ein zentrales Thema für den Staatstheoretiker Thomas Hobbes. Beginnt der Krieg mit den Worten? Oder dann, wenn Menschen nicht mehr miteinander sprechen können? Das Gespräch ist der Anfang eines Krisenausgangs und sollte immer möglich sein. Solange noch miteinander gesprochen wird, wird nicht zugeschlagen. Das ist der Anfang der Weisheit (Nathan) ebenso wie der konstruktiven politischen Theorie.

Hobbes' Souverän versucht, die *öffentliche* Bedeutung von Wörtern und Begriffen festzulegen. Privat kann jeder denken, was er will: ‚confessio' und ‚fides'.

Der Streit um Worte, den Aristoteles tunlichst vermeiden wollte, ist vor allem ein politischer Streit ums Heißen. Er lässt sich nicht vermeiden und gehört zum politischen Denken.

5. Potsdam

Warum also Potsdam? Diese Frage muss ich noch beantworten. Potsdam hatte für mich als jemand, der sich schon in der Schule vor allem mit deutscher Geschichte beschäftigt hat, einen verführerischen Klang. Potsdam war zudem Neuland – im Unterschied zu Konstanz und Zürich. Es eröffneten sich Möglichkeiten, Themen der politischen Philosophie eigenständig, an einem anderen Ort und einer anderen Zeit fortzusetzen, ja zu *müssen*. Wenn du in Potsdam bist, musst du dich zwangsläufig mit dem neuen Deutschland und Osteuropa beschäftigen. Daran kommt man in Zürich oder Konstanz leichter vorbei.

In meinem Bewerbungsvortrag („Vorsingen") sollte ich zwei Forschungsthemen, die ich angehen wollte, vorstellen. Ich habe das ‚Stadtforum Berlin' genannt, zu dem ich schon Kontakte hatte, und die gemeinsame Landesplanung von Berlin und Brandenburg, die ich für besonders interessant halte. Beide Projekte habe ich dank Forschungsgeldern und guten Mitarbeitern bis 1997 intensiv verfolgt und so auch meine neue Umgebung kennengelernt.

Ende der 90er Jahre wuchs die Zahl der Studierenden an der neu gegründeten Universität Potsdam drastisch an. Die Universität hatte anfangs einen schweren Stand, nicht nur aus finanziellen Gründen. Ich hätte Tagebuch führen sollen, aber dazu fehlte die

Zeit, denn ich arbeitete sieben Tage in der Woche. Die Motivation war riesig. Damals wohnte ich noch in Berlin-Kreuzberg. Nach der Arbeit ging ich jeweils in unsere arabische Eckkneipe an der Glogauer Straße, oftmals bis drei Uhr morgens. Am anderen Tag war ich mit großem Elan wieder in meinem Büro am Griebnitzsee. Das würde ich heute nicht mehr schaffen.

Ende der 90er Jahre hatte ich so viele Studierende, Prüfungen, Abschlussarbeiten und Promotionen, dass für Drittmittelprojekte keine Zeit mehr blieb. Es war eine ausgefüllte Zeit, und ich kann ohne Übertreibung sagen, dass wir – Frau Eichler, meine Mitarbeiter, Studenten und ich – viel geleistet haben. Über viele andere an der neuen Universität lässt sich das Gleiche sagen, insbesondere die Ostdeutschen haben Erstaunliches unter oft schwierigen persönlichen Bedingungen zustande gebracht. Den Rollentausch würden wir nicht gerne nachvollziehen.

1996 lernte ich meine Frau Birgit kennen, die damals noch Lehraufträge für DDR-Geschichte übernahm. Leider hat sie damit aufgehört, ebenso wie andere ostdeutsche Frauen, die in die Verwaltung gingen. Sie leisten bis heute das, was Arnold Gehlen mit einem treffenden Ausdruck „Hintergrunderfüllung" nennt, die nicht genug wertgeschätzt wird.

Die 90er Jahre waren eine schwere, aber besonders interessante Zeit. Ich möchte sie nicht missen. Manchmal mussten wir vor dem Landtag demonstrieren. Ich erinnere mich noch an die Protestgesten von Rektor Loschelder und Kanzler Klein, als wieder einmal Stellen gestrichen worden waren. Wie gesagt, man hätte Tagebuch führen müssen, mit den Details über die damaligen West-Ost-Missverständnisse und Aversionen. Vieles, was sich zugetragen hat, glaubt man heute gar nicht mehr. Es ist eine Geschichte von Vorurteilen.

1994 besuchte mich ein bekannter Professor für internationale Politik in meinem kleinen Büro, wohl nur, weil ich Schweizer bin. Er fragte mich, ob er es seiner Familie zumuten könne, in eine Stadt mit so vielen Kommunisten zu kommen. Damals hatte gerade Rolf Kutzmutz von der PDS gute Aussichten, Oberbürgermeister zu werden. Ende 1993 gewann er haushoch den ersten Wahlgang. Erst in der Stichwahl verlor er schließlich gegen Horst Gramlich von der SPD, weil er gegen die Allianz aller Parteien nicht gewinnen konnte. So etwas „Ungeheuerliches" musste verhindert werden.

Viel später kann sich der langjährige (ehrenamtliche) Stadtverordnete Rolf Kutzmutz in das Goldene Buch der Landeshauptstadt eintragen. Funktionierende Demokratie integriert und verändert zugleich. Dafür gibt es viele Beispiele.

Bei den Abschiedsfeiern unserer Studenten fragten mich des öfteren Eltern, ob man hier überhaupt leben könne. Die Kenntnisse über Potsdam und Ostdeutschland waren nicht nur vorurteilsbeladen, sie waren sehr gering. Die zwei Systeme haben als zwei unterschiedliche (Lebens-)Welten die Menschen nachhaltig geprägt.

An die preußische Toleranztradition können wir heute wieder anknüpfen. Sie spielte schon in der demokratischen Revolution vor allem auf Seiten der evangelischen Kirche („keine Gewalt") eine große Rolle. Wir können sie kritisieren und zugleich produktiv erweitern. Sie bietet eine Basis, möglichst viele einzubeziehen. Dafür ist das alte ‚Edikt von Potsdam' (1685) eine willkommene Steilvorlage, aber noch keine Grundlage. Letztere müssen wir vielmehr selber unter heutigen Bedingungen erarbeiten. Für die Seite der Religionsgemeinschaften habe ich die Sätze gelesen: „Gott ist Liebe (...). Toleranz aus liebender Zuwendung zu Menschen ist gelebter Glaube."[5] Dies könnte man auch unterschreiben, wenn man nicht an Gott glaubt (Bürgerglaube).

Wie erfährt man das wirkliche Leben: durch Begegnungen.

Am 8. September 2001 wurde Paula geboren, mit großen Augen, der schönste Moment in meinem Leben. Paula und 2005 Max, der zweite schönste Moment, veränderten mein Leben. Vorher war ich ohne Einschränkung glücklich in meiner Arbeit, in der ich aufging. Jetzt fand ich endlich das ersehnte Familienglück. Ich weiß nicht, ob in der Vergangenheit beides hätte zusammengehen können. Ich glaube es nicht. Für mich war immer Elternzeit bis heute, was Abstriche in der Arbeit zur Folge hat.

Das Pensum an der Uni blieb gleichwohl hoch, und mir schien, dass ich jetzt, wo ich Vater war, die Zeit besser einteilen und

---

5 In: Wege und Grenzen der Toleranz, hrsg. im Auftrag der Evangelischen Kirche in Berlin-Brandenburg von Manfred Stolpe und Friedrich Winter, Berlin 1987, Seite 10 f.

nutzen konnte. Ich wollte weiterhin ein guter Lehrer und Forscher bleiben, aber darüber hinaus hatte ich keine weiteren Ambitionen mehr. Mein Ehrgeiz war schon immer gesund und wurde jetzt noch gesünder. Potsdam wurde nun einer meiner Forschungsschwerpunkte. Waren es vorher Berlin und Brandenburg, so wurde ich dank meiner Familie immer mehr Potsdamer. Also beschäftigte ich mich als Einwohner dieser Stadt auch mit ihren Themen.

Mein Sohn Max hat Glück, dass er einen Vater hat, wie ich einen hatte. Das ist kein Verdienst, sondern eine Prägung. Andererseits haben Väter heute Freiheiten wie noch nie. Sie können in der Familie eine neue Arbeitsteilung, die dringend ist, einrichten und Zeit für ihre Kinder gewinnen. Dies setzt allerdings voraus, dass sie sich von den falschen Leistungs- und Machtansprüchen der Gesellschaft emanzipieren: Zeitsouveränität ohne schlechtes Gewissen.

Bürgerschaft

Potsdam erfindet sich neu und bietet viele Chancen, hat aber auch viele Probleme. Bürger und Bürgerin einer Stadt wird man, wenn man sich auf deren Probleme einlässt.

Die Bürgerschaft hat einen Ort, sie kommt nicht von einem utopischen Nirgendwo. Sie wächst durch Konflikte und Kooperationen. Wir dürfen das *Konzept der Bürgerschaft* (im Unterschied zu Bürgertum und Bürgerlichkeit) weder nur formal verstehen, noch idealistisch überhöhen. Denn es ist voller *konkreter Bezüge*. Die Geister des Ortes bestimmen mit über die Integration von Differenzen und ziviles Wachstum. Oft existiert ein bedeutsamer Lokalpatriotismus (genius loci).

„Jeder hat das Recht, an der Gestaltung der öffentlichen Angelegenheiten seines Landes unmittelbar oder durch freigewählte Vertreter mitzuwirken" (Allgemeine Erklärung der Menschenrechte 1948, Art. 21,1).

„Den Gemeinden muss das Recht gewährleistet sein, alle Angelegenheiten der örtlichen Gemeinschaft im Rahmen der Gesetze in eigener Verantwortung zu regeln" (GG, Art. 28,2).

Für die globalen Zivilisationsnetzwerke aus Wirtschaft, Kultur und Wissenschaft ist Intoleranz mehr als ein Störfall, sie ist der größte anzunehmende Unfall. Die Existenz dieser Netzwerke und ihre Entwicklung setzen Freiheit und Toleranz, Offenheit und Neugierde voraus.

Für sie ist die Lokalisierung bzw. Glokalisierung, das heißt: die Verbindung des Globalen mit dem Lokalen ein überlebenswichtiges Thema.

Neben der EU mit ihrem Konvent 2002/03, der ambitionierten Verfassung und den Ratifikations-Prozessen bis 2007 (Lissabon Vertrag) wurden die Einrichtung eines Bürgerhaushalts und die verbesserte Bürgerbeteiligung, schließlich auch das neue Potsdamer Toleranzedikt 2008 und das fortlaufende Stadtgespräch darüber zu meiner Hauptbeschäftigung.

Dies war sozusagen ein Seminar mit der Stadt, bei dem ich viele Leute in verschiedenen Stadtteilen und Berufen kennenlernte. Man konnte praktische Philosophie unter die Leute bringen. Die Problematik der städtischen Zivilisation (wo auch immer) steht im Zentrum der praktischen Philosophie. In der urbanen Koexistenzphilosophie steckt alles drin.

Auch meine Studenten haben davon profitiert, die heute in der Politik, Verwaltung oder Zivilgesellschaft tätig sind. Damit war ich endgültig in Potsdam angekommen, mit allen Reibungen, die das bedeutet: Ohne Reibung kein Leben.

Ich brauchte lange, bis ich in dieser Stadt, die mir anfangs als ehemalige Grenz- und Frontstadt eher unheimlich war, heimisch wurde. Es begann mit den Kindern 2001 und 2005 – Kinder sozialisieren. Zum Glück habe ich das erfahren dürfen. Es ist ein persönliches Glück, nicht neben, sondern *vor* dem Beruf. Beides sind keine Nebensächlichkeiten, sondern das Wichtigste im Leben.

Wir hatten Glück, dass wir zwei Kitaplätze in der katholischen Kindertagesstätte Sankt Antonius in Babelsberg bekamen. Obwohl wir in der Innenstadt wohnten, gab es keinen einzigen Tag, an dem die Kinder nicht gerne dort hingegangen sind. Das spricht für

Protest gegen Neonazi-Aufmarsch in Potsdam.

diese Einrichtung und ihre Erzieherinnen, die in das Gemeinde-
leben eingebunden waren. Auf diese Weise kann eine zurückhal-
tende Traditionsvermittlung gelingen.

Zürich *ist* meine Heimatstadt, Potsdam ist meine zweite Heimatstadt *geworden*. Die Ansprüche, um das sagen zu können, sind
hoch. In erster Linie geht es dabei um das persönliche Glück im
doppelten Sinne des Wortes: Zufall und Lebensglück. Zweitens

spielt der besondere Ort eine Rolle. Dies geht bis in Details von Landschaften, Gebäuden und Menschen.

Nicht alles kann man perfekt und widerspruchsfrei kombinieren, nicht einmal in der Theorie, in der Praxis ohnehin nicht. Da muss alltäglich vieles kombiniert werden ohne System und Konsistenz. Das wiederum ist lehrreich, insbesondere für die politische Theorie, die gerade als demokratische Theorie nicht alltagsfern werden darf.

‚Bild' (dir eine Meinung) oder die ‚Bild-Zeitung' hat anlässlich des Oberbürgermeisterwahlkampfs 2018 in Potsdam geschrieben: Mike Schubert (SPD) sei ein Zögling des „Russland-Verstehers" Matthias Platzeck und des „Skandal-Ministers" Speer. ‚Bild' meinte wahrscheinlich, sie hätte damit alles Wichtige über die drei Genannten gesagt. Aus Sicht von ‚Wir bilden eine Meinung' ja: gesagt und getan. Man sieht an diesem Beispiel, wie gezielt gewählte Worte wirken, je kürzer desto besser.

„Russland-Versteher" sind bei meinen polnischen Mitarbeitern und Studenten nicht beliebt. Ich kann das verstehen, kann aber nicht verstehen, wieso man nicht zuerst verstehen muss, bevor man urteilt. Für mich als Lehrer ist die Arbeit am Urteil das Wichtigste. Das gilt gleichermaßen in Bezug auf Polen wie auf Russland. Austausch ist eine Voraussetzung für das Verstehen.

Der Mensch findet immer Gründe – für alles. Er ist ein ‚animal rationale'. Was ist ein „gutes Argument"? Diese Frage lässt sich nicht logisch allgemein und kontextfrei beantworten. Man streitet innerhalb von Lebens-Kontexten mit guten oder weniger guten Gründen. Aber die Relationen sollte man nicht verlieren, was mit reflektierender Urteilskraft zu tun hat. Gegen den Opportunismus der Gründe hilft Bürgerglaube und gesunder Menschenverstand (Common sense).

Erfahrungen schaffen einen Resonanzraum des Urteilens.

Der neue Strukturwandel der Öffentlichkeit, wozu die Echtzeit-Kommunikation gehört, ist für uns alle schwierig geworden, insbesondere aber für Politiker/innen, die jederzeit und überall sprechfähig sein müssen. Sie sind nicht nur öffentlicher Dauerbeobachtung ausgesetzt, sondern stehen auch im öffentlichen Dauerfeuer. Wer möchte und kann unter diesen Bedingungen noch Politiker/In werden? Zudem erleben wir in der Politik ein Kommunikationsdesaster nach dem anderen, worüber wieder viel kommuniziert wird.

Bei vielen entsteht so der Eindruck, dass Politiker/Innen nichts leisten und die Medien nicht verlässlich sind.

Lernort der Geschichte

Rosa Luxemburg und Karl Liebknecht beschäftigen mich wieder, seitdem ich in Potsdam lebe. Meine beiden Kinder gingen in die Rosa-Luxemburg-Schule in der Innenstadt, wo eine Büste von ihr steht, vor der regelmäßig am Tag ihrer Ermordung Rosen liegen. Liebknecht war Abgeordneter von Potsdam und das Parteilokal an der Hegelallee, wo der Beschluss gegen die Kriegskredite gefasst wurde, ist mit einer alten Ehrentafel aus DDR-Zeiten gekennzeichnet.

Rosa Luxemburg studierte 1889-1897 an der Universität Zürich, zuerst Naturwissenschaften, dann immer mehr Ökonomie. Die Universität zählte damals zu den wenigen in Europa, die Frauen immatrikulierten. Als polnische Jüdin und fertige Marxistin promovierte sie 1897 mit einer Arbeit über die industrielle Entwicklung Polens. Ihr Doktorvater förderte sie. Ich würde ihn gerne kennenlernen.

Liebknecht war zweifellos ein mutiger Mann, und die kleine Rosa Luxemburg, die für die Arbeiter und den Frieden kämpfte, war eine große Frau. Hundert Jahre nach der Novemberrevolution 1918 beginnt wieder die Diskussion ihrer Geschichte, die zur Spaltung zwischen Sozialdemokraten und Kommunisten geführt hat, die nach wie vor ihre Spuren hinterlässt. Wie gehen wir heute damit um? An einem Ort wie Potsdam *muss* einen das beschäftigen.

Karl Liebknecht, dessen Taufpaten Marx und Engels waren, ist mit seinem Konzept der Rätedemokratie nicht durchgedrungen. Statt dem *Chaos* des Bürgerkriegs wählte die staatstragende Sozialdemokratie die *Ordnung* der parlamentarischen Demokratie. Für viele Historiker ist das im Nachhinein die richtige Entscheidung, für andere ein Verrat an der Revolution.

Für hier und heute sollte man sich noch einmal mit der Militaris-
muskritik von Karl Liebknecht beschäftigen, denn Potsdam war keineswegs und durchgängig eine tolerante Stadt, im Gegenteil. Das
hat viel mit *Militarismus* zu tun. Worin besteht also „der Ungeist
des Militarismus"? Im Hochverratsprozess 1908 hat sich der Jurist
Liebknecht verteidigt, indem er sich auf die Verfassung bezog.

Es ist schwer vorstellbar, dass die deutsche Demokratie ohne aktive Erinnerungskultur auskommt. Der Historiker Martin Sabrow
spricht aber bereits von der ‚Krise der Erinnerungskultur‘ (2018),
die in Potsdam nicht manifest ist. Liegt das an den bald fehlenden
Zeitzeugen, dem Desinteresse an Politik oder dem fehlenden Ge-
dächtnis? Oder geht die technologiegesteuerte konkurrenzförmige
Gegenwart rasant über die Geschichte hinweg – in jeder Hinsicht?

Zivilreligion als *Bürgerglaube* unterhält ein selektives Verhältnis zur
Religion bis hin zum Atheismus. Bürgerglauben besteht aus Sät-
zen und Annahmen, die für die handelnden Personen nicht mehr
weiter begründbar sind. Sie berühren den Boden der Lebenswelt,
wo die ‚Schaufel sich biegt‘ (Wittgenstein). Sie gehören mithin zur
Selbstverständlichkeit der Lebenswelt (Blumenberg).

Der Bürgerglaube geht dem politischen Willen voraus.

Die Stelle des Weltgeistes bleibt unbesetzt – Geschichtsphiloso-
phie und liberale politische Praxis (Lübbe). Wie lässt sich das aushalten? Gibt es keinen Sinn der Geschichte?

Potsdam ist ein Lernort deutscher Geschichte par excellence. Für mich macht das Sinn, wenn Konsequenzen oder wenigstens Gedanken für die Gegenwart daraus folgen, was immer ein weiterer Überlegensschritt ist. Also dürfen wir den Historikern nicht das Feld überlassen, obwohl wir viel von ihnen lernen können. Man lernt nie genug aus der Geschichte, hat aber nicht die Lebenszeit, nur aus der Geschichte zu lernen. Die Gegenwart geht in der Geschichte nicht auf, sondern schnell und oft weit über sie hinaus. Denken heißt Weiterdenken.

Nacherzählen, Erinnern und einen Aufsatz schreiben sind verschiedene Dinge. Wir müssen mit unserem Leben einen eigenen Aufsatz schreiben und dabei das Erinnerungsgebot nicht außer acht lassen. Das Erinnerungsgebot gehört zur Zivilreligion.

Der Anfang von Weimar blieb nur in Erinnerung, weil das Experiment der ersten deutschen Demokratie gigantisch gescheitert ist. Warum scheiterte Weimar? Das wird in diesen Tagen wieder viel diskutiert. Musste Weimar scheitern? Mit mehr *Bündnis- und Kompromissfähigkeit* von Links wäre die Demokratie nicht gescheitert. Der Konsens von Demokraten spielte keine tragende Rolle. Toleranz und Republik waren den meisten zu wenig, für sie ging man nicht auf die Barrikaden. Heute ist das nötig.

Ernst Cassirer, der 1918 die Grabrede auf seinen Lehrer Hermann Cohen hielt, war einer der wenigen Philosophen, die, entgegen dem damaligen Zeitgeist, sowohl die Aufklärung (1932) wie die Weimarer

Bassinplatz – Platz der Toleranz

Dicht nebeneinander: Katholische Kirche St. Peter und Paul, Sowjetischer Ehrenfriedhof, Marktplatz, Parkplatz für Touristenbusse und Taxis, Französisches Viertel, Skaterbahn, Graffitiwände, Französische Kirche, Ernst-von-Bergmann-Klinikum, Holländisches Viertel.

Republik verteidigt haben. 1933 musste er aus Deutschland fliehen, 1945 starb er in New York. Sein letztes Werk heißt „The Myth oft the State", das 1949 beim Artemis Verlag in Zürich auf Deutsch erschienen ist.

In seiner Rede „Die Idee der republikanischen Verfassung" zur Weimarer Verfassungsfeier 1928 an der Universität Hamburg gibt Ernst Cassirer einen interessanten Fingerzeig: „Leibniz ist (...) der erste unter den großen europäischen Denkern gewesen, der in der Grundlegung seiner Ethik und Staats- und Rechtsphilosophie mit vollem Nachdruck und aller Entschiedenheit das Prinzip der unveräußerlichen Grundrechte des Individuums vertreten hat." Diese Passage inspirierte Christoph Sebastian Widdau zu einer originellen philosophisch-politischen Dissertation über „Cassirers Leibniz und die Begründung der Menschenrechte" (2015).

In den ersten Jahren stand noch die Büste von Karl Liebknecht vor der Aula im Sanssouci-Park in der Nähe des Neuen Palais. Linke Studenten von mir waren so originell, für die neue Universität (ab 1994) den Namen Karl Liebknecht vorzuschlagen. Sie hatten sich in der Geschichte verirrt, in der sie sich nicht gut auskannten.

Auch Lenin stand in Potsdam lange auf seinem Sockel, in der Hegelallee vor dem sowjetischen Offizierskasino. Kann man das 20. Jahrhundert ohne Lenin verstehen, der ohne deutsche Hilfe nicht an die Macht gekommen wäre?

Seit kurzem gibt es in Potsdam einen Otto-Braun-Platz beim neuen Landtag mit der Büste des letzten sozialdemokratischen Ministerpräsidenten von Preußen (1921-32), der in die Schweiz emigrieren musste und dort 1955 starb. Meinen ostdeutschen Verwandten, die Akademiker sind, war der Name nicht bekannt.

Potsdam ist übervoll mit schwieriger Geschichte, was eine Herausforderung für die Erinnerungskultur ist. Dieses Fach könnte man hier studieren.

Die Erinnerungsorte an die Potsdamer DDR-Grenze sind noch in Arbeit.

Auch Friedrich Ebert, der für die Linke der „Arbeiterverräter", für die Rechte der „Landesverräter" war, wandte sich 1919 gegen den „Geist von Potsdam", was zu einem Fahnenstreit in der Stadt führte: ‚Schwarz-weiß-rot' gegen ‚Schwarz-rot-gold'.

‚Weimar vs. Potsdam' wird heute nur noch von Gegnern des Wiederaufbaus der Garnisonkirche als Protestzeichen bemüht.

Als „Toleranz*delikt*" bezeichnen Gegner des Wiederaufbaus die Garnisonkirche. Sie beziehen sich dabei sowohl auf die Vergangenheit wie auf die Gegenwart.

Lebendige Gegenwart

Wer gefährdet heute die Demokratie? Unaufhörlich wird davon gesprochen, dass die Demokratie gefährdet sei. Ist sie in einer Krise? Und woher rührt die Krise? Vielleicht auch vom ubiquitären Krisengerede?

Die friedliche Revolution in der DDR war auch eine demokratische Revolution. Es ist bisher zu wenig herausgestellt, was das bedeutet. 2019, dreißig Jahre danach, wäre Gelegenheit, noch einmal darüber nachzudenken. Ein Vergleich der Demokratieerwartungen von damals und heute ist aufschlussreich für die Analyse der heutigen Unzufriedenheit, speziell in Ostdeutschland. Schon in den 90er Jahren, 10 Jahre nach der Wende, hing am ‚Haus des Lehrers‘ auf dem Alexanderplatz ein Riesentransparent mit der Aufschrift: „Wir waren das Volk". Wie ist das genau gemeint? Ethnisch? Demokratisch? Inwiefern?

Die ‚Kohle-Kommission‘ versucht derzeit, einen kooperativen Strukturwandel für die Lausitz herbeizuführen. Viele Milliarden werden vom Bund dafür bereitgestellt und zahlreiche Vorschläge für eine mögliche Zukunft der Lausitz jenseits des Tagebaus liegen auf dem Tisch. In einem Vorschlag hofft man sogar auf einen Bilbao-Effekt, ähnlich wie in der spanischen Stadt mit ihrem großartigen Bau eines Kunstmuseums. Die Politik muss vom Gelingen dieser Vorschläge überzeugt sein, obwohl sie nichts Sicheres weiß.

Deutlich weiter als die Kohlekommission gehen die Forderungen des Schülerstreiks, den mehr als die Hälfte der Bevölkerung gutheißt. Die Schüler haben zu streiken begonnen (Fridays for Future), als der Musterschüler Deutschland seine Klimaziele verfehlte. Mit wissenschaftlicher Unterstützung fordern sie nun einen Kohleausstieg bis 2030, die komplette Versorgung aus erneuerbarer Energie bis 2035 und die Nettonull bis 2030. Sie wollen streiken, bis die Politik beginnt, konkrete Maßnahmen umzusetzen.

Peter Glotz hat schon in den 80er Jahren darauf aufmerksam gemacht, dass der größer werdende Abstand zwischen denen, die noch mitkommen, und denen, die abgehängt werden, eine neue Klassenspaltung hervorrufen wird. So ist es gekommen.

Dass der Schnellere der Bessere ist, gilt heute nicht nur auf dem Fußballplatz. Es gibt „keine Stammplätze mehr" (Sammer).

Unter dem Titel „Die Abgehängten" veröffentlichen die Potsdamer Neueste Nachrichten (am 16. 2. 2019) eine Reportage über ein Dorf in der Lausitz, wo von „Klimahysterie" die Rede ist und 40 Prozent der Bewohner AfD wählen. ‚Die Blauen' wollen ‚Die Grünen' ärgern. Im Moment gibt es eine grüne Welle. Die Frage ist, wer hier wen in Panik versetzt.

Die Begründung gegen die klimaschädliche Kohle, die in der DDR ein hohes Ansehen genoss, ist dramatisch: „Die Zeit drängt. Wir sind die letzte Generation, die den Klimawandel noch stoppen kann."

Auch in der Schweiz gibt es eine grüne Welle. Der Vormarsch der SVP wird in meinem Heimatkanton Zürich gestoppt. Nicht zuletzt dank des Klima-Themas verliert sie Stimmen. Das beunruhigt indessen den starken Mann der SVP Christoph Blocher (Jurist, Unternehmer, Oberst) nicht: Er spricht von einer „Klimakatastrophenwalze", die von den Medien wohlwollend bewirtschaftet werde und vergleicht dieses Weltuntergangsszenario mit dem Waldsterben und dem Ozonloch, von denen heute niemand mehr spreche. Der 78jährige Blocher empfiehlt: Einfach abwarten, bis das Modethema Klima wieder vorbei ist.

Die Arbeit der Kohle-Kommission ist auch Politik, nämlich eine *Politik organisierter Dialoge*, die in einer komplexen Gesellschaft unverzichtbar ist.

Vom Strukturwandel im Ruhrgebiet lässt sich viel lernen.

Angela Merkel wurde kürzlich Ehrenbürgerin von Templin in der Uckermark. Sie ist zwar in Hamburg geboren, zog aber schon mit drei Jahren als Pastorentochter ins ‚bessere' Deutschland. In Templin machte sie das Abitur, sie wurde also in der DDR sozialisiert. Es waren prägende Jahre, wie sie selber sagt. Mich würde interessieren, was genau sie geprägt hat und wie sich das in der Männerwelt der Politik auswirkt.

2008 wurde Bundeskanzlerin Merkel Ehrenmitglied von Energie Cottbus mit Fanschal, als Cottbus noch in der 1. Bundesliga spielte: „Cottbus ist der Leuchtturm des Ostens" (Merkel). Inzwischen spielt Energie in der 3. Liga und ist abstiegsgefährdet (18. Platz). Zwischenzeitlich hatte der Klub und die Stadt große Probleme mit Rechtsextremen. Vom Ehrenmitglied hat man nichts mehr gehört.

Zwischen Kanzleramt, welches größer ist als das Weiße Haus, und Bundestag weht die Schweizer Fahne. Kanzler Kohl wollte die Botschaft weghaben, sie passte nicht in sein Hauptstadtkonzept. Ich freue mich jedes Mal, wenn ich aus dem Hauptbahnhof komme und die Schweizer Fahne sehe: die kleine Schweiz buchstäblich in Mitten der neuen europäischen Großmacht. Kann sie ihr Vermächtnis als Kleinstaat (Gemeindeautonomie, Föderalismus, direkte Demokratie, Sprachenfreiheit) in eine europäische Zukunft weitertragen?

Sportstadt, Wissenschaftsstadt

Potsdam ist eine wichtige Sportstadt. Das ist keine Frage, und zwar ebenso für Leistungs- wie Breitensport, was vielleicht das Besondere ausmacht. Seit DDR-Zeiten gewinnt die Stadt oft mehr Medaillen an Olympiaden als viele Staaten, was an den zahlreichen Ruder- und Kanuwettbewerben liegt. Aber auch die vielen Vereine, die sich ehrenamtlich um die Kleinen kümmern, sind beeindruckend, wenn ich nur an die Fußballvereine allein in Babelsberg denke, die miteinander konkurrieren: Null 3, 74, Concordia, Kickers, Fortuna.

Hier verbindet sich die Sportstadt mit der kinderfreundlichen und integrativen Stadt. Besonders erfreulich ist die Integrationsarbeit, etwa bei ‚Welcome United' von Babelsberg 03. Potsdam ist eine offene und tolerante Stadt *geworden*, wobei die Integrationsarbeit letztendlich nur durch die Mehrheitsgesellschaft gelingen kann. Deshalb ist der Sport so wichtig, denn er erreicht viele und ganz unterschiedliche Menschen verschiedener Herkunft und Alters.

Der erfolgreichste Ostklub sind die ‚Eisbären'. Sie wurden zwischen 2005 und 2013 sieben Mal deutscher Eishockeymeister. Der Klub kommt aus Hohenschönhausen in Ostberlin und hat dort sein Heimatstadion, den sogenannten ‚Wellblechpalast', wo auch trainiert wird. Seit 2008 wird überwiegend in der Mercedes-Benz-Arena in der Nähe des Ostbahnhofs gespielt. Sie ist eine perfekte Marketing-Arena. Nirgendwo in Ostdeutschland gibt es einen solchen *kulturellen Hybrid* zwischen Ostdeutschen und Amerikanisierung.

Alles ist amerikanisiert und vieles wird integriert: die reichen Geschäftsleute ebenso wie die ‚bösen Ossis'. Für die Fans sind Stehplätze reserviert, für die Sponsoren VIP-Plätze. Das Merchandising läuft auf Hochtouren, es gibt sogar Schals für kleine Kinder, die sich bei der Mutter bedanken, dass sie zu den Eisbären mitgenommen worden sind. Die Vereinshymne stammt von den Puhdys: „Wir wollen die Eisbären sehen". Wenn die Eisbären in Form sind und gewinnen, dann befindet man sich im ‚wunderbaren Osten'.

Das kleine Potsdam ist auch eine große Wissenschaftsstadt. Aus diesem Kontext kam 2008 die Idee eines ‚Neuen Potsdamer Toleranzedikts'. Es hat sich als Stadtgespräch bewährt und muss sich weiterhin bewähren. Die Erinnerung an die Vergangenheit hilft da wenig.

Ich wäre froh, wenn man an das ‚Neue Toleranzedikt' im Vollsinne anknüpfen würde, da es in einem einmaligen und breiten Stadtgespräch zustande gekommen ist. Potsdam ist in den letzten 10 Jahren ein glückliches Dresden geworden, was keineswegs selbstverständlich ist, sondern eine immerwährende Aufgabe. Noch mehr ‚Bürgerfreundschaften', die etwas zustande bringen, sollten entstehen.

DDR und Aufbruch der Städte

Was ich an der DDR am meisten schätzte, war, dass man in Ostberlin, mit dem Einkaufskorb wie im Lebensmittelladen, schöne Bücher zu einem günstigen Preis kaufen konnte. Die 5bändige Heine-Ausgabe für 25 DDR-Mark habe ich heute noch, ebenso die vielen blauen Bände.

Auf einer Schulreise verlor einer meiner Schüler in Ostberlin den begehrten Schweizer Pass. Wir mussten ins Polizeihauptquartier am Alexanderplatz. Der Kommissar begleitete uns zum Ausgang und verabschiedete sich mit den Worten: „Man kommt hier leicht rein, aber nicht raus".

Über Ostberlin hinaus wussten wir nichts von der DDR. Ein Bekannter wollte mir einmal Gebäude von Karl Friedrich Schinkel in Potsdam zeigen. Wir wurden von Volkspolizisten auf der Autobahn angehalten und zurückgeschickt, weil uns das Visum fehlte.

Potsdam habe ich 1992 das erste Mal gesehen. Im Wintersemester 1993/94 pendelte ich noch zwischen Zürich, Konstanz und Potsdam. Das war zu viel. In den ersten Jahren lebte ich in Berlin. 1996 habe ich meine Frau Birgit kennengelernt, die aus Gommern in der Nähe von Magdeburg kommt und an der Pädagogischen Hochschule Karl Liebknecht in Potsdam, dem Lieblingskind von Margot Honecker, Geschichte und Germanistik studiert hatte.

Heute verfängt es nicht mehr, ganze Städte als politische Kampfbegriffe (Weimar vs. Potsdam) zu benutzen. Die demokratischen Revolutionen in Ostdeutschland und Osteuropa waren nicht zuletzt Aufstände gegen den *Verfall der Städte*, worin sich die *Selbstzerstörung* der Bürgerschaft zumindest für Teile der Bürgerschaft spiegelte.

Nach 1989 sind die *Stadtgesellschaften* in Leipzig, Erfurt, Weimar, Potsdam usw. wiedererwacht. Vitale Städte brauchen die Toleranz wie die Luft zum Atmen.

Brandenburger Weg

Nur mit Protesten konnten meine Studenten, die Mitglieder der SPD waren und die Jusos in Potsdam gegründet haben, Ministerpräsident Stolpe dazu überreden, einmal an unsere kleine neue Uni zu kommen. Von seinem Engagement für die Uni wie von seinem Vortrag waren sie enttäuscht.

Für Manfred Stolpe war die Europa-Universität Viadrina in Frankfurt/Oder als Aushängeschild wichtiger. Stolpe war habituell ein Diplomat, der mit den Mächtigen ging. Über seine Rolle als evangelischer Kirchenfunktionär in der DDR habe ich Verschiedenes gehört, auch Gutes. Erst spät habe ich ihn persönlich kennengelernt, als er schon krank war.

Als Politiker blieb Manfred Stolpe ein strenger Pflichtmensch, der für die SPD 2002 sogar noch Verkehrsminister wurde, mit Wurzeln in Brandenburg, das er nicht nur symbolisch – trotz des Scheiterns von Großprojekten wie Lausitzring, Cargolifter und IHP – wiederbelebt hat. Stolpe bezeichnet sich selber als einen „verantwortungsbewussten Preußen', der die Traditionslinie der preußischen Toleranz verkörpert, die (zusammen mit Lothar Bisky) zum ‚Brandenburger Weg' geführt hat.

Regine Hildebrandt, die Sozialministerin an Stolpes Seite, war die ‚Linkspopulistin' der damaligen Zeit. Als meine Studenten am 1. Mai sie einmal darauf aufmerksam machten, dass an der Uni Professorenstellen fehlen würden, wurden sie barsch zurechtgewiesen: „Ihr wollt mehr Professoren, wir haben viele Arbeitslose", womit sie sicherlich recht hatte, aber den Punkt, um den es ging, verfehlte.

Die beiden beliebtesten Brandenburger sind laut einer Umfrage Friedrich der Große und Regine Hildebrandt. Das überrascht mich nicht.

Ministerpräsident Manfred Stolpe hat im September 2000 in einem Interview in der ‚Zeit' selbstkritisch eingeräumt, dass er die Fremdenfeindlichkeit in seinem Land zugunsten seiner Landsleute, deren Landesvater er war, unterschätzt hatte: „Ich wollte es nicht wahrhaben". Seitdem ist er ein konsequenter Verfechter des Handlungskonzepts ‚Tolerantes Brandenburg', welches 1998 in der Nikolaikirche gegründet worden ist, und ein Freund des ‚Neuen Potsdamer Toleranzedikts' (2008) geworden.

Eine reife Vorstellung von parlamentarischer Demokratie haben wir am 14. Oktober 2014 in Potsdam erlebt. Der neue Brandenburger Landtag wurde durch seinen Alterspräsidenten Alexander Gauland von der AfD mit einer Rede „Wider den Populismus" eröffnet, und dies vom Vorsitzenden einer rechtspopulistischen Partei, was viele überraschte, die vorher nicht zugehört hatten.

Die jüngste Abgeordnete nutzte diese konstituierende Sitzung für einen Protest gegen den bürgerlichen Rechtspopulismus, der vorher Stimmung gegen den Bau von Flüchtlingsheimen gemacht hatte, was ebenfalls deutlich hörbar war. Der personifizierte Protest trug ein T-Shirt mit der Aufschrift „Refugees welcome" und stellte die Aktion vor dem Landtag unter die Überschrift „AfD, shut up". Während der Rede von Gauland verlässt die Abgeordnete das Parlament, nach der Rede tauscht sie ihr T-Shirt des Protests wieder um gegen eine Bluse.

Gauland hält seine Rede ruhig und mit Vernunft. Er zitiert Edmund Burke (1729-1797), der nicht nur sein Lieblingsautor ist, sondern auch der Stammvater des politischen Konservativismus, welcher gegen die jungen französischen Revolutionäre und für die amerikanische Revolution argumentierte. Dieser Konservativismus von Burke – dem Theoretiker und Politiker der Whig-Partei – hat selbstverständlich ein parlamentarisches Heimatrecht, gehört er doch zur langen englischen Geschichte des Parlamentarismus.

Die Atmosphäre des Parlaments war ruhig und ließ Vernunft zu, so wie es sein sollte. Die jüngste Abgeordnete konzediert das Recht zu dieser Rede, nimmt sich aber ebenso das Recht heraus, sie nicht anhören zu müssen und erlaubt sich einen legitimen Protest außerhalb des Parlaments (siehe oben). Das sind für alle Seiten würdige Formen der politischen Auseinandersetzung auch bei schärfstem Dissens. Dieses Verhalten wiederum überzeugt andere, denn *Form* und *Inhalt* sind in der Demokratie gleichermaßen wichtig.

In demokratischen Auseinandersetzungen, die anstrengend sind, wenn tatsächlich alle einbezogen werden, sind verbale Entgleisungen häufig. Man muss sie aushalten und gleichermaßen widersprechen, wenn sie gravierend sind. Ansonsten sollen die Leute reden, wie ihnen der Schnabel gewachsen ist. An Bürgerversammlungen kommen sie häufig, weil sie reden wollen. Das haben wir in Potsdam zum Beispiel 2015 bei der Flüchtlingsunterbringung erlebt. Deshalb ist frühzeitige Bürgerbeteiligung so wichtig.

Rechtsruck

Inzwischen – nach der Bundestagswahl 2017 – sitzt Alexander Gauland in der ersten Reihe des Deutschen Bundestages als Fraktionsführer der stärksten Oppositionspartei. Er hat sein politisches Ziel erreicht: Die Rache an Angela Merkel und ihrer CDU (nach 40 Jahren Mitgliedschaft) ist ihm gelungen, aber um welchen Preis? Gauland ist weiter nach rechts gedriftet bis hin zum völkischen Denken. Er hat den Höcke-Flügel integriert und hält „den ganzen Laden zusammen", wie er selbst sagt.

Zerlegt sich die AfD, wenn Gauland 2019 aus Alters- und Gesundheitsgründen abtritt? Der einst sprachsensible, gebildete, konservative Publizist, den ich als Herausgeber der ‚Märkischen Allgemeinen' kennengelernt habe, spricht inzwischen vom Nationalsozialismus als einem „Vogelschiss der Geschichte". Offenbar kann ihm nichts mehr etwas anhaben. Der politische Erfolg hat ihn gratifiziert. Möglichkeiten der Macht, die verführen und enthemmen, taten sich auf.

Zwei persönliche Rachefeldzüge haben die deutsche (Parteien-)Politik in den letzten Jahren maßgeblich mitbestimmt: Lafontaine gegen Schröder bzw. die SPD und Gauland gegen Merkel bzw. die CDU.

Wir leben nicht in einer Schönwetter-Demokratie. Mit sogenannt nicht-akzeptablen Positionen muss man sich erst recht auseinandersetzen können, und zwar vor Publikum und nicht nur unter Gleichgesinnten, was zu Weltfremdheit führt. Nur durch die Auseinandersetzung können negative Emotionen (Ärger, Empörung, Wut) in demokratische Bahnen gelenkt werden.

Im Bundestagswahlkampf 2017 hat einzig die ‚AfD‘ sich offensiv für direkte Demokratie auf Bundesebene ausgesprochen, obwohl alle anderen Parteien – außer der CDU – sowohl im Grundsatz – wie im Wahlprogramm dieses Ziel formuliert hatten. Die CDU ist wenigstens konsequent.

Mit der Nazikeule wird in Deutschland schnell geschwungen. Inzwischen geht dies so weit, dass von „Klima-Nazis" (Storch) und „Nazi-Klima" (Lengsfeld) gesprochen wird. Ähnlich leichtfertig und gedankenlos ging man in den 68er Jahren mit dem Faschismusvorwurf um. Jeder Konservative war per se schon faschistoid; Lübbe ebenfalls, nur weil er ein Seminar über Carl Schmitt durchgeführt hatte. Die Akademiker sollten sich einmal selbstkritisch an die eigene Nase fassen.

Auch und gerade in der politischen Sprache muss man Unterscheidungsvermögen und Genauigkeit einfordern und einüben. Deshalb ist politische Theorie so wichtig.

Die Nation ist weder überwunden noch kann man sie einfach überspringen. Trans- oder supranational bedeutet nicht postnational und national nicht nationalistisch, nationalistisch nicht nationalsozialistisch. In der deutschen Diskussion geht viel durcheinander, was praktische Auswirkungen hat.

Der *Fundus* politischer Theorie ist die Begriffs- und Ideengeschichte, der *Fokus* die Gegenwart.

Gegenwärtigkeit ist eine Intervention in die Gegenwart. Sie verlangt eine besondere Aufmerksamkeit. Diese ist für eine aktuelle politische Theorie bedeutsam. Ihr Kriterium ist die Relevanz, ihre Kompetenz die Inter- und Transdisziplinarität und ihre Ziele sind die Urteils- und Handlungsfähigkeit sowie die reflexive Politik- und Staatsfähigkeit.

In der Philosophie wie in der Politik gibt es eine *Überwältigung durch Sprache*. Wie ist ihr beizukommen? Durch Sprachidealismus oder Aufklärung über Rhetorik? Auf jeden Fall ist dies ein Feld, auf dem es letztlich um Selbstbehauptung und Selbstvertrauen geht. Man muss sich die Wahrheit *zutrauen*.

Politische Kultur

Man lässt sich gerne belehren, aber nicht beherrschen. Das ist vielleicht der tiefere Grund dafür, weswegen die *Sprachenfreiheit* der verfassungspolitische Exportartikel Nummer 1 der Schweiz ist.

Auch für die Sprache trägt man Verantwortung, was nicht heißt, dass aus jedem Wort gleich eine Handlung folgt. Zwar kann jeder Satz als eine Handlung analysiert werden (nach der Sprechakttheorie von Austin und Searle), aber nicht aus jedem Sprechakt folgt eine bestimmte Handlung. Auch an dieser Stelle muss man unterscheiden.

Qualitätsmedien sind ein Lebenselixier liberaler Gesellschaften. Dahrendorf sprach von ‚aktiver Öffentlichkeit‘, Habermas von ‚deliberativer Öffentlichkeit‘. In dieser Dimension verbinden sich Demokratie *und* Aufklärung. Die öffentliche Vernunft in Aufklärungsprozessen, bei denen es nur Beteiligte gibt, verstehen wir prozess-, themen- und problemorientiert. Sie entwickelt sich unter Bedingungen politischer Gleichheit im Wechselspiel zwischen Demokratie und Aufklärung. Schwachpunkte, die sich nicht zementieren dürfen, sind dabei die politische Ungleichheit und die Erosion demokratischer Öffentlichkeit.

Zu den Bedingungen der Aufklärung gehören individueller Mut zu wissen und zu sprechen, zwischenmenschliche Gespräche und

Vertrauen sowie eine kritische Öffentlichkeit: „Der Gemeinwille ist immer richtig, aber das Urteil, das ihn leitet, ist nicht immer aufgeklärt" (Rousseau). Zur öffentlichen Vernunft gehören mithin Demokratie und Aufklärung.

Legitimität wird im Normalfall durch Legalität erzeugt (starker Rechtsstaat) und durch demokratische Legitimität (starke Demokratie). Beides sollte zusammenspielen, obwohl es auch hier Konflikte gibt, denn was heißt ‚demokratische Legitimität'?

Zwischen Politik und Moral, Recht und Moral, Legalität und Legitimität, Macht und Recht muss man unterscheiden können. Moderne liberale Gesellschaften leben von der Trennung dieser Sphären und der Unterscheidungskunst, die ihnen zugrunde liegt. Zu Letzterem gehört das politische Denken und die politische Sprache. Mit ihrer Vernachlässigung beginnt eine Entdifferenzierung, die zur Unkultur führt.

Bundespräsident Steinmeier wurde dafür kritisiert, dass er dem Iran zum Nationalfeiertag gratuliert hat, was zu den diplomatischen Gepflogenheiten zählt. Wir wissen, was im Iran vorgeht, wo die ‚grüne Revolution' vorerst gescheitert ist. Wir wissen auch, welche Bedrohungen von dort für Israel ausgehen. Doch Moral und Politik sind zu unterscheiden, was nicht heißt, dass Politik keinen Bezug zur Moral hat. Politik folgt auch nicht generell einer „höheren Amoralität" (Luhmann).

Steinmeier hat zurecht darauf hingewiesen, dass er mit der Einhaltung diplomatischer Gepflogenheiten *Gesprächskontakte offenhalten* möchte. Die Moral diplomatischer Außenpolitik besteht genau darin. Im Übrigen hat der Iran vor Jahren versucht, einen Dialog der Zivilisationen zu starten. Ich weiß nicht, was daraus geworden ist.

Solange miteinander gesprochen wird, kann man Missverständnisse ausräumen, die sich heute schnell aufschaukeln und gefährlich werden können. Die Atomkriegsgefahr ist nicht verschwunden, wie man sich das nach 1989 erhofft hatte. Präsident Obama ist sogar – etwas voreilig – mit dem Friedensnobelpreis aus dieser überschwänglichen Hoffnung heraus ausgezeichnet worden. Inzwischen warnt London die Welt vor einem „Krieg aus Versehen" im persischen Golf (14.05.2019).

Die Börsen haben gejubelt, als der autoritäre Militär Bolsonaro im großen Brasilien gewählt wurde.

Es spricht für Martin Schulz, den verhinderten Außenminister, dass er den Arbeiterführer und früheren Staatspräsidenten Lula im Gefängnis besucht hat. Eine Winzigkeit von internationaler Solidarität ist übriggeblieben.

Es gibt große Erwartungen an *die* Politik im Singular, als ob damit das Politische abgedeckt ist. Das ist oft nicht nur zu viel an

Erwartung, sondern auch zu wenig an politischem Denken. Erwartungsanalysen sind wichtig. Wir argumentieren und werten oft aus bestimmten Erwartungshorizonten heraus, die nicht reflektiert sind.

Man darf nicht vergessen, dass auch der sogenannte Postmaterialismus (nach dem Materialismus) auf hohem komfortablen Niveau lebt, was ökonomische und soziale Voraussetzungen hat.

Aufklärung(en)

Als Mendelssohn von Dessau nach Potsdam kam, wollte er zum Hof Friedrich des Großen zugelassen werden. Dieser versammelte hier einen Freundeskreis, denn er wollte in Sanssouci „geistig leben und genießen" (Goethe). Es wurde französisch gesprochen. Friedrich tolerierte selbst den radikalsten Aufklärer des französischen Materialismus, La Mettrie (1709-1751), der nicht einmal in Holland aufgenommen worden wäre.

In seiner Grabrede von 1752 lobte er den Arzt und Philosophen: „Die Medizin machte ihn der Metaphysik streitig, und er schrieb eine Abhandlung über die Ruhr, sowie eine andere über das Asthma, die besten Arbeiten, die es über diese Krankheiten gibt". Friedrich schließt mit den Worten, die wir heute besser zu schätzen wissen: „Alle, denen die frommen Beschimpfungen der Theologen keinen Eindruck machen, betrauern in La Mettrie einen Ehrenmann und kenntnisreichen Arzt".

Das war ein gewaltiger Stachel selbst für die deutschen Aufklärer: „Nichts war verstörender für sie als der Blick auf Sanssouci, wo französische Epikureer und Materialisten ein komfortables Asyl als Kammerherren oder Präsidenten der Akademie fristeten, und wo der König selber offenkundig mit ihren Anschauungen sympathisierte – im Widerspruch zu allen Glaubensüberzeugungen der christlichen oder auch jüdischen Aufklärer in Preußen und im ganzen nördlichen Deutschland"[6] – Sanssouci als Sündenbabel der Aufklärung! So sehr können sich Aufklärer voneinander unterscheiden.

Ulrich Bräker stammt aus dem Toggenburg, genauer: aus der Gemeinde Wattwil, wo sich meine Eltern kennenlernten. In der gebildeten DDR kannte man den Bauernsohn, aufgeklärten Pietisten und Weber als Schriftsteller und schätzte ihn als Aufklärer von unten. „Der arme Mann im Tockenburg" (1789, Zürich 1993) schildert seine Desertation aus der preußischen Armee im 3. Schlesischen Krieg nach der Schlacht bei Lowositz am 1. Oktober 1756: „Was gehen mich eure Kriege an?"

Was es heißt, durch die Gasse laufen zu müssen, findet sich bei Bräker beschrieben. Das fehlt bei Voltaire und den Grossen.

Auch Aufklärung gibt es nur im *Plural*: Diderots Aufklärung, Bräkers Aufklärung, Heines Aufklärung und viele andere. Was ist diesen *Aufklärungen* gemeinsam? Der Bezug zur Vernunft, nicht als eine Substanz, wohl aber als eine kritische Funktion, die „auflöst und verbindet" (so Ernst Cassirer).

---

6 Reinhart Meyer-Kalkus, Die Gärten Epikurs in Sanssouci: Französische Epikureer und Materialisten am Hofe Friedrichs von Preußen, in: Der Intellektuelle und der Mandarin (Hg. François Beilecke/Katja Marmetschke), Kassel 2005, S. 689.

Moses Mendelssohn wurde von Friedrich II. nicht toleriert. Er bekam keinen Zugang zu seiner Tafelrunde und wurde von der Akademie ohne Begründung ausgeschlossen. Einerseits handelt es sich also um eine bemerkenswert radikale Aufklärung, andererseits um eine bemerkenswert intolerante Aufklärung, nicht nur Mendelssohn, sondern auch Rousseau gegenüber. Bei der Toleranz hatte Friedrich vor allem die Konfessionsstreitigkeiten unter den Christen im Auge. Umso bedeutender für die Geistesgeschichte wurden Lessing, der die muslimische Welt mitumfasste, und Mendelssohn für die jüdische Aufklärung (hebräisch Haskala).

„Jeder nach seiner Façon" bleibt dennoch der beste Spruch aus der preußischen Ecke, er muss nur verallgemeinert werden.[7]

Zusammen mit dem ‚Poetenpack' hat das Neue Toleranzedikt als Stadtgespräch 2015 neue Inszenierungen von Lessing's ‚Nathan der Weise' in der französisch-reformierten Kirche zur Aufführung gebracht. Das Stück wurde gemeinsam mit 9 Flüchtlingskindern aus unterschiedlichen Religionen eingeübt. Ein muslimisches Gebet gehörte dazu. Solche Gebete in Kirchen sind Muslimen untersagt, weshalb das Einverständnis der Eltern eingeholt werden musste. Ihnen allen musste der Kontext des Spiels erklärt werden, was eine erste Toleranzprobe war. Ebenso gehörten eine jüdische Beerdigung und eine katholische Kommunion dazu, was zu dieser schmucklosen Flüchtlingskirche passte, welche ihre Mitglieder nur ‚Tempel' nennen.

---

7 Dazu: Heinz Kleger, „Jeder nach seiner Façon". Toleranz als Streitfeld. Ein Satz als Anstoß zum Nachdenken. Aus Anlass des 300. Geburtstages des ‚Philosophenkönigs' Friedrich II., Norderstedt 2012.

Es wird die Geschichte kolportiert, dass Mendelssohn auf die Frage des Torwächters in Potsdam, womit er als Jude denn handle, geantwortet haben soll: „Mit Vernunft".

Inzwischen hat sich auch der Sanssouci Park, das Prunkstück von Potsdam, verändert. Im Park, zu dem einst Friedrich der Große Moses Mendelssohn den Zugang verweigerte, werden bis 2020 drei jüdische Bildungseinrichtungen einziehen, und zwar nahe dem Neuen Palais. Dazu gehört die erste kleine Synagoge. Das jüdische Erbe soll wieder zum Leben erweckt werden. Seit fünf Jahren existiert an der Universität Potsdam der Studiengang ,Jüdische Theologie'. Welche Geschichte liegt dazwischen!

Aufklärung und Religion schließen sich ebenso wenig aus wie Aufklärung und Tradition. Geschichte, historische Erfahrung und Traditionsbildung sind dreierlei. Es gibt zwar keine generelle Theorie der Traditionsbildung, aber es gibt die plausible funktionale These, dass handlungsorientierende Traditionen nötig sind. Anthropologisch lässt sich zudem sagen, dass der Mensch ein ,anknüpfendes Wesen' (Marquard) ist, das selten bei null anfängt. Die Inhalte der Identifikation sind freilich umstritten und bilden den Stoff politisch-kultureller Auseinandersetzungen.

Sanssouci war ein Garten Epikurs. Epikurs Philosophie wiederum ist ein Vorläufer des philosophischen Materialismus, worüber Marx nicht zufällig seine Dissertation schrieb (‚Differenz der demokritischen und epikureischen Naturphilosophie‘, 1840/41).

Die Aufklärung in ihrer Vielfalt ist alles andere als eine ‚seichte‘ und ‚sterile‘ Philosophie, was ihr deutsche Professoren häufig vorgeworfen haben. Sie ist vielmehr ‚anstößig‘ und ‚gesellig‘, was die Philosophie heute nicht mehr ist.

Epikureismus und Stoizismus ziehen sich untergründig in verschiedenen Variationen durch die gesamte Geistesgeschichte, auch in ihrer Gegensätzlichkeit. Die Skepsis als Aufklärung kommt hinzu. Epikurs Lebensphilosophie hat heute in Gestalt des demokratischen Hedonismus viele erreicht, was ein Fortschritt ist. Eine Prise Stoizismus müssen wir noch einüben, ohne verbissen zu werden. Der Skepsis wiederum hat man immer ihre Handlungsabstinenz vorgeworfen. Mir scheint aber, dass heute skeptische Aufklärung und politisches Handeln zusammengehen, was ebenfalls ein Fortschritt ist.

Sammle Fortschritte und halte daran fest!

Aufführung des Theaterstücks „Nathan der Weise" des Theaters Poetenpack mit Schüler/innen einer Willkommensklasse in der Französisch-Reformierten Kirche in Potsdam.

Systematik demokratischer politischer Theorie

Macht und Widerstand
(Zukunft der Macht)

**politische Aus-
einandersetzung**

**demokratische
Legitimationspolitik**[8]

**Spuren der
Aufklärung(en)**

Masse und Macht
(zivile Masse)

Zivile Tugenden der Bürger/Innen
(Urteils- und Handlungsfähigkeit)

8 Ausführlich dazu: Heinz Kleger, Demokratisches Regieren. Bürgersouveränität, Repräsentation und Legitimation. Baden-Baden 2018 (Nomos).

Systematische Themen politischer Theorie

- Macht und Widerstand: Zukunft der Macht
- Masse und Macht
- demokratische Legitimität
- Wahrheit und Mehrheit
- Gleichheit und Gerechtigkeit
- Ethik des Wohlwollens
- Urteils- und Handlungsfähigkeit
- Bürgerglaube
- Erosion demokratischer Öffentlichkeit
- Wie erzieht man Demokraten?
- Konsens der Demokraten?
- Bündnisfähigkeit
- Zukunft der Parteiendemokratie
- Region-Nation-Europa

Fähigkeiten politischer Theorie

1. Urteilsfähigkeit
2. Handlungsfähigkeit
3. Zusammen handeln können
4. Bündnisfähigkeit
5. Machtrealismus
6. Kluge Macht

Schluss

„Wer glücklich ist, ist nicht böse" (Max Horkheimer). Wenn dieser Satz richtig ist, und ich halte ihn für richtig, dann ist es um das schnelllebige Glück der Spaßgesellschaft nicht gut bestellt. Der Firnis der Zivilisation bleibt dünn. Das Böse, Gemeine und Niederträchtige, welches sich heute im Netz öffentlich austobt, gehört zu den Möglichkeiten der Freiheit. Die Freiheit, die im Zentrum unserer liberal-westlichen Lebensform steht, kann zum Guten wie zum Schlechten ausschlagen. Das ist das Risiko.

Die moderne urbane Zivilisation bedarf deshalb immerfort der Zivilisierung. Zivilität und Urbanität als Zuständigkeiten für Zivilisation zivilisieren die moderne urbane Freiheit und das Zusammenleben der Vielen und Verschiedenen gleichermaßen. Dafür benötigen Menschen allerdings entspannte Felder – eine Kombination von Anregung und Sicherheit – und nicht bis zum Zerreißen gespannte Zusammenhänge ohne Sicherheit, Solidarität und Perspektive.

Das moderne Individuum hat gelernt, wo es dies lernen konnte, seine Einzigartigkeit als Kombination von Elementen zu verstehen. Darin liegt zum einen eine inhaltliche Unbestimmtheit, zum anderen aber auch ein Potential von Möglichkeiten über das jeweils Gegebene hinaus. Die Welt ist nicht nur zum Erleben und Ertragen da, sie kann verändert werden. Das heißt mit der Zeit gehen. Je freier der Menschenbürger ist, desto eher kann er ein ‚Bewegungsspieler' werden, der – nicht immer, aber von Zeit zu Zeit – vor Entscheidungen steht, die Orientierung schaffen.

Zum Schluss bleibt mir vor allem *Dankbarkeit* für das Glück im doppelten Sinne des Wortes, das ich erleben durfte. Dank vor allem an meine alte Familie, in der ich aufgewachsen bin, und dank an meine neue Familie, in der ich glücklich bin. An alle anderen sei gesagt: Bleibt neugierig und verliert den Humor nicht. Möge die Macht mit euch sein, die Macht der Menschen.

Texte

Einmal die Verfassung lesen.
25 Jahre Brandenburger Verfassung.

Am 14. Juni 1992 hat die Brandenburger Bevölkerung ihre neue Verfassung durch einen Volksentscheid angenommen: „Wir, die Bürgerinnen und Bürger des Landes Brandenburg, haben uns in freier Entscheidung diese Verfassung gegeben", heißt es im stolzen ersten Satz. Ein solcher Akt ist die logische Folge einer demokratischen Revolution. 1992 war die Euphorie der Revolution vorbei, und es fragte sich, ob die erstrittene und erhoffte Demokratie der Bürgerinnen und Bürger zu leben beginnt.

Fibel der Bürger

Für eine verfassungsdemokratische Bürgergesellschaft ist die Verfassung als oberste Normenebene zentral, freilich mehr im funktionierenden Hintergrund als im geschäftigen Vordergrund. Jeder Bürger sollte deshalb einmal die Verfassung seines Landes gelesen haben. Sie ist nicht nur ein Métier für Juristen, sondern eine verständliche Fibel, auf die sich Jeder und Jede berufen kann. Jüngst hat dies wieder der überzeugte Amerikaner Khizr Khan, eingewanderte Muslim und Vater eines im Irakkrieg getöteten Soldaten, vor aller Augen getan, als er am Parteitag der Demokraten buchstäblich mit der Verfassung in der Hand (die ‚pocket constitution'), die islamophoben Positionen von Donald Trump öffentlich angriff. Dies kann selbst einen Tycoon in Schwierigkeiten bringen und erst recht einen amerikanischen Präsidenten, dessen Macht durch die verfassungsmäßig ausgeklügelten ‚checks and balances' gebunden ist, die man allerdings auch einfordern muss. Sie funktionieren nicht automatisch.

Freilich sind Länderverfassungen (und Landesverfassungsgerichte) nicht so bekannt und so wirksam wie eine amerikanische Verfassung oder ein deutsches Grundgesetz. Das ist in den USA mit ihren 50 ‚states' nicht anders als in der BRD mit ihren 16 Ländern. Länderverfassungen sind auch wissenschaftlich kaum ein Thema, schon gar kein aufregendes. Hinzukommt, dass der Brandenbürger nicht nur Bundesbürger ist, sondern auch EU-Bürger. Er unterliegt mithin drei Verfassungen: der Brandenburger Verfassung, dem deutschen Grundgesetz und der innovativen EU-Grundrechtecharta mit ihren 12 Seiten. Verfassungen haben immer eine symbolische und eine organisatorische Seite. Sie sind mehr als ein Organisationsstatut, obschon die Brandenburger Verfassung allein 63 Artikel (von 117) zur Staatsorganisation enthält (Landtag, Gesetzgebung, Regierung, Verwaltung, Finanzwesen, Rechtspflege).

Die Verfassung hält symbolisch ein verbindend-verbindliches Versprechen fest, an das Politik und Gesellschaft immer wieder erinnert werden müssen. Sie ersetzt aber nicht die demokratische Auseinandersetzung um die richtige Politik. Sie verfasst vielmehr vor allem die Freiheit des Politischen, welche die

Bürgerrechtsbewegungen in Osteuropa und Ostdeutschland wieder mutig errungen haben. Vergisst man dies, so vergisst man auch dieses Erbe einer demokratischen Revolution. Keine Demokratieform, ob präsidentiell, parlamentarisch oder direkt, ist jedoch gegen Machtmissbrauch gefeit. Die neuen Formen des Autoritarismus tendieren zur plebiszitären Führerdemokratie. Die Verfassung dagegen ermöglicht und zivilisiert gleichermaßen die Demokratie in Richtung einer minderheitenfähigen Demokratie. Sie ist in Deutschland primär eine Grundrechte-Demokratie.

Eigenes Profil

Brandenburg ist zu Recht stolz auf seine Bürgerbeteiligung, schon bei der Erarbeitung der Verfassung. Die Artikel 76, 77 und 78 geben der Bevölkerung die Möglichkeit, Volksinitiativen, Volksbegehren und Volksentscheide anzustrengen. Bisher kam es jedoch noch nie von einem Volksbegehren zu einem Volksentscheid, und selbst in den Kommunen bleiben die Bürgerentscheide selten. Um in der Politik wirklich mitreden und mitentscheiden zu können, muss deshalb die direkte Demokratie besser geregelt werden, was zurzeit gerade eine Volksinitiative zu erreichen versucht.

Das bürgerschaftliche Engagement darf nicht ins Leere laufen, was ohnehin schon vorhandene Enttäuschungen verstärkt. Die rechtliche Zulässigkeit eines Bürgerbegehrens muss vor Beginn der Unterschriftensammlung geklärt sein. Das ist das Mindeste, um Verwirrung zu verhindern. Bürgerbefragungen sind noch keine Bürgerbeteiligung, die wiederum ein Spektrum verschiedenster Verfahren aufweist, die noch keine direkte Demokratie sind, was viele Bürger unter ‚starker Demokratie' verstehen. Eine ‚lebendige Demokratie' ohne Demokratiekonfusionen ist ein wichtiges Zukunftsziel, für das gedanklich wie praktisch noch mehr getan werden muss.

In der Brandenburger Verfassung gehen mehr Demokratie und mehr Liberalität Hand in Hand, was schwierig und keineswegs selbstverständlich ist. Die Brandenburger Verfassung ist liberal, tolerant, sozial und ökologisch (Art. 39, 40). Die sexuelle Identität (Art. 12 Abs. 2) wird ebenso gewährt wie Lebensgemeinschaften neben der Ehe (Art. 26). Die Würde der Kinder als eigenständige Personen wird respektiert (Art. 27 Abs. 1). Sodann wird ein besonderer Schutz für das sorbische Volk (Art. 25) und eine aufmerksame Nachbarschaftspolitik gegenüber Polen (Art. 2) angestrebt. Individualbeschwerden an das Landesverfassungsgericht sind ebenfalls möglich (Art. 6), was nicht überall der Fall ist. Soziale Rechte sind aufgenommen worden (Art. 45, 47, 48). Verfassungsrecht kann freilich eine aktive Sozial-, Arbeits- oder Wohnungspolitik nicht ersetzen. Das eigenständige Profil der Brandenburger Verfassung zwischen östlicher Selbstbestimmung und westlichen Vorgaben ist erkennbar und sollte in mehr Köpfe kommen.

Dies könnte zum Beispiel im Zusammenhang mit dem Handlungskonzept ‚Tolerantes Brandenburg', welches 1998 in der Potsdamer Nikolaikirche gegründet und 2005 (‚für eine starke und lebendige

Demokratie' lautet der neue Zusatztitel) reformiert worden ist, geschehen. Es hat gegenüber den 90er Jahren, als Hoyerswerda einen Flächenbrand auslöste, zusammen mit vielen Akteuren die zivilgesellschaftliche Gegenwehr gegen Fremdenfeindlichkeit, Rechtsextremismus und Gewalt deutlich erhöht. In zahlreichen lokalen Bündnissen, die aktuell wichtige Integrationshelfer geworden sind, hat es sich zudem verstetigt und effektiv verankert. Dieses Potenzial im Geiste der Brandenburger Verfassung, die gastfreundlich ist, sorgt für die Verlebendigung von Zivilität, Liberalität und Demokratie. Es bietet eines der wenigen Identifikationsangebote im großen Flächenland für eine politische Bürgeridentität jenseits von Marketing und Sonntagspredigten.

Geist der Gesetze

Die Verfassung, die in jede Hemdtasche passt, ist nicht abstrakt, sondern konkret und nützlich für den alltäglichen Kampf im Überschaubaren, wo man selber etwas bewegen kann. Bürger sind in den meisten Fällen Laien und Autodidakten. Sie können aber sehr wohl zu Experten in eigenen Angelegenheiten werden und Bürgersouveränität entwickeln. Die Verfassungsinterpretation dürfen sie nicht Juristen und Politikern überlassen, sie ist vielmehr ein fortlaufender öffentlicher Prozess. Umfangreiche juristische Kommentare und Handbücher lassen sich dabei selektiv wie Lexika benutzen.

Verfassungsnormen und deren Umsetzung müssen täglich beweisen, dass sie in der Lage sind, die Situation der Menschen zu verbessern. Im historischen Vergleich ist dies nachvollziehbar, obwohl die Errungenschaften der liberalen Demokratie gefährdet bleiben. Der Handlungsoptimismus der Verfassungsgebung muss deshalb weiter vermittelt werden. Das ist nicht einfach in einer grenzenlos gewordenen Moderne, denn dahinter steht eine politische Aufklärungsphilosophie, wie sie zum Beispiel in Montesquieus ‚Geist der Gesetze' (1748) zum Ausdruck kommt. Eine solche Verfassungsphilosophie versucht die grundlegenden Dinge über eine kluge, das heißt: historisch aufgeklärte und vorsichtig konstruktive verfassungsmäßige Ordnung zu regeln. Ohne dieses Kanon-Bewusstsein werden unsere Fähigkeiten verfallen, überhaupt noch in selbstläufige Modernisierungsprozesse vernünftig eingreifen zu können.

Erschienen in: Potsdamer Neueste Nachrichten, 14. Juni 2017.

Bürgerkommune als Beteiligungskommune

Die Stadt Potsdam unternimmt seit vielen Jahren Schritte in Richtung einer Beteiligungskommune. Seit 2005 wird mit einem Bürgerhaushalt experimentiert, es gibt aber noch weitere Elemente wie die Bürgerhäuser in einzelnen Stadtteilen, das Kinder- und Jugendbüro, das Stadtforum, Bürgerversammlungen sowie das Online-Beschwerdemanagement-System ‚Maerker' und nicht zuletzt organisierte Dialoge wie das ‚Neue Toleranzedikt' (2008) oder das Konzept zur Erinnerungskultur 2012/13. Letzteres hat noch keine deutsche Stadt in einem offenen Verfahren erarbeiten lassen!

Strukturierte Bürgerbeteiligung

Die Idee einer ‚strukturierten Bürgerbeteiligung', an der seit 2011 gearbeitet wird, soll der Beteiligungskommune stärkere Konturen geben. Diese Idee ist gleichsam in einem Top-down- wie in einem Bottom-up-Verfahren zur Beteiligung für mehr Bürgerbeteiligung auf den Weg gebracht worden. Sie enthält drei Hauptbestandteile: die Grundsätze der Bürgerbeteiligung (wie Verbindlichkeit, frühzeitige Einbeziehung, Niedrigschwelligkeit, Chancengleichheit u. a.), das Büro für Bürgerbeteiligung, das jetzt ‚Werkstadt für Beteiligung' heißt, sowie den Beteiligungsrat. Die ‚Werkstadt' weist bundesweit eine neuartige Struktur auf, indem sie gemeinsam von der Verwaltung und einem freien Träger (mitMachen e. V.) betrieben wird. Sie hat eine externe Seite hin zur Basis der verschiedenen Bürgerinitiativen in den Stadtteilen sowie eine interne Seite im Rahmen der Stadtverwaltung, wo sie als ‚Kompetenzzentrum für Bürgerbeteiligung' fungiert. Die Mitarbeiter der Werkstadt (6 Stellen sind es insgesamt) dienen als Ansprechpartner und wirken als neutrale professionelle Kraft, die für die Prozessqualität der Beteiligung verantwortlich ist.

Der Beteiligungsrat wiederum begleitet diese Arbeit. Er besteht aus 17 Mitgliedern und wird für die Dauer von zwei Jahren gewählt. 13 Bürgerinnen und Bürger der Stadt Potsdam, 2 Mitarbeiter aus der Stadtverwaltung sowie 2 Vertreter der Stadtverordnetenversammlung vertreten ihn. Am 29. Mai 2013 fand die erste öffentliche Auslosung statt. Dabei gingen 164 Bewerbungen ein, 2016 waren es schon 426. Die letzte Staffelübergabe fand am 24. Januar 2017 im Treffpunkt Freizeit unter Anwesenheit des Oberbürgermeisters statt, der dem Ganzen mehr Gewicht und Aufmerksamkeit geben kann. Inzwischen wird ein Beteiligungspool für zufallsbasierte Auswahlverfahren eingerichtet, um sowohl der geringen Zahl bei gewissen Themen als auch der mangelnden Repräsentation bestimmter Bevölkerungsteile entgegenzuwirken.

Bürgerschaftliche Kultur

Die Grundsätze der Bürgerbeteiligung sind nicht nur abstrakte Absichtserklärungen. Sie sind von den Beteiligungsaktiven selber formuliert worden und bilden den verbindlichen Grundkonsens zwischen Verwaltung, Politik und Bürgerschaft für informelle Beteiligungsprozesse. Die ‚Werkstadt für Beteiligung‘ hat mittlerweile zahlreiche Beteiligungsprozesse begleitet, wie dies in einem Verfahrensmonitor übersichtlich festgehalten wird: Begleitung der Initiative ‚Kultur-Lobby‘, Erstwählerkampagne 2014, Fortschreibung des Radwegekonzepts, Mietergemeinschaft Musikerviertel und vieles mehr. Die meisten Prozesse wurden bisher von der Verwaltung angestoßen, einige von der Zivilgesellschaft, was man ausbauen möchte. Von einer neuen Struktur zu einer neuen politischen Kultur ist es jedoch ein weiter Weg. Die bürgerschaftliche Kultur, welche Politik und Verwaltung durchdringen soll, ist nicht-herrschaftlich, sondern freiheitlich und chancenorientiert.

Mehr Beteiligung wagen

Aus ‚mehr Demokratie wagen‘ ist heutzutage ‚mehr Beteiligung wagen‘ geworden. Die schöne Formel des Aufbruchs (‚Machtwechsel‘) von Willy Brandt (1969) meinte damals schon nicht die direkte Demokratie, sondern primär die sokratische Tugend des Zuhören-Könnens, was denen am schwersten fällt, die immer das Sagen haben

(‚Herrschaft‘). Die neue Formel ‚mehr Beteiligung wagen‘ spiegelt nunmehr die gewachsene Bedeutung der Legitimation durch Beteiligung wider – weg von der Autorität hin zur Verständigung. Die Zeit der Gewissheiten ist in der Politik vorbei, gleichwohl muss man zu Entscheidungen kommen. Aber wie?

Es gibt eine Leiter der Beteiligung, die von der frühzeitigen Information über Befragungen in unterschiedlichen Versionen zu Konsultationen und Mitwirkung bis hin zur Mitentscheidung reicht. Für Bürger, die sich engagieren, ist wichtig, dass ihre Mitwirkung einen Einfluss auf das Resultat hat oder zumindest haben kann. Deshalb muss von Anfang an deutlich gemacht werden, um welche Art von Verfahren (Information oder Mitwirkung) es sich handelt. Für eine beteiligungsorientierte Stadtentwicklung wird dies in Zukunft noch wichtiger werden. Die zeitliche Distanz zwischen Planung und Projektbeginn darf für eine effektive Begleitung der Bürger nicht zu groß werden. Es gibt indes noch keine Konzepte für eine fortlaufende Beteiligung in Teilschritten. Dies gilt ebenso für die Gesamtstadt wie die einzelnen Fachbereiche (Verkehr, Bauen, Wohnen, Soziales). Hier gibt es noch viele offene Fragen.

Was geschieht beispielweise mit dem aufwendig erarbeiteten ‚Leitbild 2025‘? Oder braucht es schon wieder einen neuen Masterplan? Und wie soll dieser bürgernah entworfen werden? Es ist richtig, dass der/die künftige Oberbürgermeister/in die ‚strategische Steuerung‘ in der Verwaltung in die eigenen politischen Hände nimmt.

Die Hauptfrage für die Gesamtstadt wird jedoch sein, wie die strategische Steuerung tatsächlich mit besserer Bürgerbeteiligung einhergeht und welches dafür die geeigneten Verfahren zum richtigen Zeitpunkt sind. Die Klärung dieser Fragen sollte man ruhig und gemeinsam angehen und nicht durch ein teures Expertengutachten ersetzen.

Ein neuer Schub ist nötig

Die Oberbürgermeisterwahl am 23. September bietet die Chance, die bisher erreichten Beteiligungsformate zu festigen, auszubauen und besser zu verknüpfen. Dies muss vor allem nach den vorhandenen Kräften und Vorschlägen der engagierten Bürgerschaft geschehen. Während die professionelle Arbeit der ‚Werkstadt für Beteiligung‘ erfolgreich verlaufen ist, sucht der ‚Beteiligungsrat‘ als überwiegend ehrenamtliches Gremium noch immer seine Rolle. Die monatlichen Sitzungen sind zwar auf zwei Stunden begrenzt und werden professionell moderiert, was nötig ist. Sie generieren aber auch ständig neue Aufgaben, bei denen der Beteiligungsrat nicht abseitsstehen kann, wenn er seinem Namen gerecht werden will.

Mit den Zeitressourcen ist bei der Bürgerbeteiligung generell schonend umzugehen, was leichter gesagt ist als getan. Bei aller zeitlichen Überforderung, die spürbar ist, muss dennoch festgehalten werden, dass die engagierte Mitarbeit der ausgelosten Bürger/Innen mit dazu geführt hat, dass die ‚Werkstadt für Beteiligung‘

überhaupt effektiv werden konnte. In Zukunft müssen jedoch sowohl der Beteiligungsrat als auch die ‚Werkstadt' noch sichtbarer, ansprechbarer und nützlicher für die Bürgerschaft werden. Insbesondere die Sach- und Personalmittel für die ‚Werkstadt' sollten aufgestockt werden. Die Öffentlichkeitsarbeit und die Koordination müssen verbessert werden. In den sehr unterschiedlichen Stadtteilen bewegt sich viel, nicht nur in Potsdam-West und Drewitz, die über Potsdam hinaus als Vorzeige-Beispiele dienen (‚Neue Nachbarschaften', ‚Gartenstadt'), sondern neuerdings auch in Bornstedt (Stadtteilwerkstadt), Waldstadt-Süd (Schulcampus) oder Kirchsteigfeld (Vernetzungstreffen), um nur einige Beispiele zu nennen.

Beteiligung und Demokratie

Auch der Streit um Worte ist ein politisches Handlungsfeld. Von der Leiter der Beteiligung war schon die Rede. Die Potsdamer Bürgerbefragungen zum Standort des Landtages (2006) und zum neuen Schwimmbad (2012) haben für eine große öffentliche Resonanz gesorgt. Viele Bürger sagten sogar, soviel Demokratie sei in Potsdam noch nie gewesen. Sie hatten den Eindruck, relativ schnell etwas mitentscheiden zu können. Solche Bürgerbefragungen sind gewiss etwas Anderes als Bürgerumfragen, aber sie sind keine Bürgerbeteiligung im engeren Sinne, und die Bürgerbeteiligung, die ein Spektrum verschiedener Verfahren umfasst, die arbeitsintensiv sind, ist etwas Anderes als direkte Demokratie, die zeitlich, sachlich und sozial weniger selektiv ist. Alle drei Instrumente –

Bürgerbefragung, Bürgerbeteiligung, direkte Demokratie – sind also zu unterscheiden und jeweils spezifisch einzusetzen. Hier ist noch Einiges möglich auf dem Weg von der Bürgerkommune zur Beteiligungskommune.

Erschienen in: Potsdamer Neueste Nachrichten, 6. August 2018.

Toleranz verpflichtet.

10 Jahre Neues Potsdamer Toleranzedikt.

Toleranz ist ein Wort, ein Wert und eine Tugend, die den meisten viel, wenngleich oft Unterschiedliches bedeutet. Die Lebenserfahrungen, die dahinterstehen, sind verschieden; die Emotionen und (Vor-)Urteile, die sich darauf beziehen, ebenso. Die Idee eines neuen Toleranzedikts im vollen Wortsinne (im Unterschied zum historischen Edikt von 1685) verknüpft ein breites und vielfältiges Stadtgespräch mit einer verbindlichen Werteorientierung, einschließlich einer gemeinsamen Vorstellung von Toleranz. Das Abschlussdokument, das 2008 nach 8 Monaten zustande gekommen war, ist von der Stadtverordnetenversammlung begrüßt und vom Oberbürgermeister zum Leitbild erklärt worden.

Zu seinen *Fixpunkten* – das sind die Grundsätze, die es zu konkretisieren gilt – gehört es, die Möglichkeiten der Toleranz auszuschöpfen und das Nicht-Tolerierbare klar zu benennen; die Verbindung von Toleranz und Solidarität zu festigen; den Konsens der Demokraten gegen Gewalt, Fremdenfeindlichkeit und politischen Extremismus zu stärken sowie das Erbe von Aufklärung, Einwanderung und Toleranz sicht- und lehrbar zu halten. Letzteres ist keine Selbstverständlichkeit, vielmehr ist hier vieles buchstäblich nahezubringen, nicht nur als aktive Erinnerungskultur, sondern auch als aktuelle politische Theorie.

Aktion anlässlich des Weltflüchtlingstags am 20. Juni 2016 in Potsdam

Mehrdeutige Toleranz

Wie jeder andere historisch-politische Grundbegriff ist auch Toleranz nicht einfach zu definieren. Im neuen Toleranzedikt haben wir sie bestimmt als Geduld (1), Offenheit (2) und friedlich-demokratischen Umgang mit Differenzen (3). Die Fähigkeit zur Toleranz, die immer wieder herausgefordert wird, vereinigt diese drei Bedeutungen.

Toleranz toleriert nicht nur andere Meinungen, sie toleriert auch Verhalten, das wir missbilligen. Sie benötigt mithin starke Nerven und bleibt doch eine dünne Haut. Die Menge an ‚Nonsens‘ und ‚Bullshit‘ in der medialen Konsum- und Erlebnisgesellschaft ist kaum noch zu übertreffen. Darüber hinaus nimmt der Dichtestress in der modernen urbanen Zivilisation zu, dem sich nur wenige Privilegierte entziehen können; die ‚gated communities‘ sind die eigentlichen ‚Parallelgesellschaften‘! Insofern ist die Verhaltenstugend der Toleranz weltweit eine zivilisatorische Voraussetzung des Miteinanderlebens geworden, und die stoische ‚tolerantia‘ (1) ist als Verblüffungsfestigkeit aktueller denn je.

Die Öffnung zur Welt kommt bei der aufklärungsbedingten Toleranz hinzu (2). Sie ist nicht nur eine Zumutung wie die stoische Toleranz des Ertragens, sondern vor allem eine *Bereicherung* über ihre engere religionspolitische Funktion hinaus, die historisch nicht erledigt ist; unter traurigen Umständen haben wir erst die Jesiden, die Rohingya, die Uiguren, Kopten, Aleviten oder Drusen kennengelernt. Die Toleranz der Aufklärung ebnet den Weg zur Religionsfreiheit und zu den Menschenrechten. Im deutschen Grundgesetz von 1949 steht die Menschenwürde des Einzelnen an erster Stelle. Sie gebührt ausnahmslos Jedem und Jeder und muss nicht erst verdient werden, wie oftmals der Respekt. Die Weichheit der Toleranz – Lenin sprach abwertend von „demokratieweich" – ist zugleich ihre Stärke, was sich alltäglich in der pluralistischen Gesellschaft und liberalen Demokratie bewähren muss. Diese ‚Toleranz der Demokratie' (3) schließt Konflikte nicht aus, sondern ein. Konkrete Urteilskraft und kreative Handlungsfähigkeit sind allerdings der Preis, der dafür zu zahlen ist. Toleranz und Entschiedenheit schließen sich nicht aus.

Bewährungsproben

Im Alltag und in der Politik wird das Toleranzedikt immer wieder zitiert. Zwei größere Bewährungsproben möchte ich hervorheben: die Flüchtlingshilfe und die zunehmende Verrohung des Umgangs miteinander beziehungsweise die Erosion demokratischer Öffentlichkeit. 2015 stand aus humanitären Gründen der Aufbau von Helfer-Allianzen im Vordergrund. Der Verein ‚Neues Potsdamer Toleranzedikt' hat sich mit dem Internetportal ‚Help To', welches schnell bundesweit mit 80 Portalen in 11 Bundesländern nachgefragt wurde, beteiligt. Integration im sozialen Frieden zustande zu bringen, bleibt eine zentrale Herausforderung. Sie braucht viele Hände und

Köpfe, Geld, Zeit und Geduld. Oder anders gesagt: mehr Sprachförderung, mehr Mut in der Wirtschaft und mehr gelebte Wertevermittlung, die niemanden ausschließt. Zudem ist ein kluges Einwanderungsgesetz, einschließlich des möglichen Spurwechsels für gut integrierte Asylbewerber, in Deutschland schon lange überfällig.

Probleme bei der Integration dürfen freilich nicht verschwiegen werden, sondern müssen frühzeitig und ehrlich – "jenseits von Panikmache und falscher Toleranz" (Mansour) – auf die Tagesordnung kommen. Andernfalls braucht man sich über den reaktiven Populismus vieler Bürger, auf den man eingehen muss, nicht zu wundern. Kein vernünftiger Mensch hat indessen jemals behauptet, dass „Heimatliebe ein Verbrechen ist", wie es auf einem Spruchband in Cottbus hieß. In einer Heimat, gleich welcher, muss man sich aber ohne Angst integrieren können, sonst wird sie ein unheimliches Gebiet. Extremisten übertreiben bewusst und ideologisch unversöhnlich die Ängste, um kleine Bürgerkriege zu provozieren. Solchen Entwicklungen müssen sich bürgerschaftliche Gemeinwesen frühzeitig in großer Zahl entgegenstellen, da sie das wechselseitige Vertrauen der Bürger ineinander zerstören.

Aus diesem Grund hat der Verein ‚Neues Potsdamer Toleranzedikt' verschiedene Kampagnen gegen Hassreden unternommen, darunter 2014 die erste bundesweit und 2018 eine Tour durch die Schulen und Landkreise Brandenburgs. Viele sind schon mit Mobbing, Hetze und Hass im Internet konfrontiert worden. Aufklärung darüber, was man dagegen tun kann, an der sich gerade Jugendliche aktiv beteiligen, ist ein gangbarer Weg, der von Gegenreden über Meldestellen bis hin zu Anzeigen führt. Fake News braucht man ebenfalls nicht zu teilen. Die Unterscheidung zwischen Fakes und Fakten ist eine Voraussetzung demokratischer Öffentlichkeit. Was bewusste Falschmeldungen auslösen können, haben wir jüngst in Chemnitz gesehen.

Bürgerfreundschaft

Bei beiden Bewährungsproben (Flüchtlingshilfe, Hate Speech/Fake News) führt der Ausgangspunkt der Toleranz bzw. des Nicht-Tolerierbaren im Umgang miteinander zu mehr sachlicher Aufklärung, die gleichermaßen eine intensive geistige und politische Auseinandersetzung geworden ist. Für diese Aufklärung braucht es breite parteiübergreifende Bündnisse (wie das Handlungskonzept ‚Tolerantes Brandenburg‘, das Bündnis ‚Potsdam bekennt Farbe‘ oder den Verein ‚Neues Toleranzedikt‘). In der gegenwärtigen europaweiten Repräsentations- und Parteienkrise wird es zunehmend wichtiger, dass zusammen mit einer ‚guten Verfassung‘ und ‚zuverlässigen Institutionen‘ eine verfassungsdemokratische Bürgergesellschaft als ‚kritische Masse‘ existiert, die über die sogenannte ‚bürgerliche Mitte‘ hinausgeht.

‚Bürgerfreundschaft‘ darf deshalb keine Kleingruppe bleiben, sondern sie muss zahlreicher werden und viele ‚verschiedene Individuen‘ einschließen. Auch dafür ist eine tolerante Haltung die

Voraussetzung. ‚Toleranzedikt als Stadtgespräch' kann mithelfen, ein solch loses Band der Sympathie zu schaffen. Diese Vielheit („wir sind mehr") handelt, wenn es nötig wird („Potsdam baut eine Synagoge, trägt Kippa, hat Platz für eine Moschee") und kann Überraschendes zustande bringen (‚Help To'). ‚Pogida' konnte 2016 in der Stadtgesellschaft auch nach zehn Abendspaziergängen nicht Fuß fassen.

Selbstgewählte Tradition

Nur weil die internationale Politik, etwa bei der Bekämpfung von Fluchtursachen oder des Klimawandels wichtiger wird, wird deshalb die lokale und regionale Politik nicht weniger wichtig, im Gegenteil. Dies betrifft alle Politikbereiche, insbesondere aber den Kernbereich demokratischer Politik, nämlich die Bildung von Bürgerschaft, die nicht vom Wertehimmel fällt. Hier spielt sich der gegenwärtige Hauptkonflikt ab: Was macht ein ‚Gemeinwesen' aus? Wer ist ein Bürger, und was leitet sich daraus ab? Dabei wird man wieder lernen müssen, auch über politische Emotionen zu sprechen, denn schließlich geht es um nicht weniger als um Identifikation, Identität, Lebenswelt und Heimat. Diese Begriffe verweisen aufeinander. Womit also kann und soll man sich identifizieren? Woher kommt der Anstand, woher die Maßlosigkeit? Und wie verlaufen gelingende Identifikationsprozesse, und woran scheitern sie? Darüber sollten wir uns Gedanken machen.

Genauso wie die kommunalpolitische Verankerung des Handlungskonzepts ‚Tolerantes Brandenburg' (1998) für das Flächenland Brandenburg entscheidend war und ist, so sind *jetzt erst recht* aufgrund des schwierigen Strukturwandels in der Lausitz, den nötigen Auseinandersetzungen mit den Terror- und Fremdenängsten vieler Bürger und deren mangelndem Vertrauen in die Lösungsfähigkeit von Politik und Staat sowie den identitären Versuchungen seitens der Neuen Rechten diese Bemühungen mit neuem Schwung fortzusetzen. Eine geistige Orientierung aus der Geschichte der demokratischen Verfassung (1849, 1919, 1949, 1992) verbunden mit einem kreativen Pragmatismus, der lösungsorientiert ist, muss das neue Bündnis für Brandenburgs Zukunft stärken.

Auf den bisherigen Erfolgen, die aus dem Vergleich mit den 90er Jahren resultieren, können wir uns nicht ausruhen. Eine neue Bürgerschaft entsteht aus Konflikten, die in demokratischen Auseinandersetzungen vor Ort zu führen sind, und Kooperationen, die man aktiv suchen muss. Wenn man sich dabei auf das Toleranzedikt beruft, dann ist das in einer Zeit, in der alles zerredet, rasch entwertet und schnell vergessen wird, nur gut. Dieses Kulturerbe lebt, solange daran angeknüpft wird. Man kann auch von einer Traditionsbildung sprechen, denn starke und heitere Gemüter brauchen Traditionen – *ansteckende neue Traditionen*, die von den Bürgerschaften selber gebildet und getragen werden.

Erschienen in: Potsdamer Neueste Nachrichten, 10. Oktober 2017.

Beharrliche Aufklärung.

Toleranzedikt als europäisches Kulturerbe

Aufklärung hat Anlässe, sie ist eine praktische Philosophie anlasshalber. Begriff und Theorie der Toleranz sind in den 90er Jahren wieder überraschend zentral nach Brandenburg und Ostdeutschland zurückgekehrt. Anlass war das Nicht-Tolerierbare in Gestalt von Fremdenfeindlichkeit und Gewalt. 1990 waren hier die ersten Todesopfer zu beklagen. In Reaktion auf die zahlreichen Übergriffe entstand 1998 das Handlungskonzept ‚Tolerantes Brandenburg‘, das verschiedene Akteure vereinigt und inzwischen die zivilgesellschaftliche Gegenwehr gegenüber den 90er Jahren erheblich verstärkt hat. Die Brandenburger Verfassung von 1992 knüpft ausdrücklich an die Traditionen von Recht, Toleranz und Solidarität an. Das ‚Potsdamer Toleranzedikt‘ versuchte sodann 2008 in einem 8monatigen breiten und intensiven Stadtgespräch, das ebenso neue Perspektiven der Beteiligung eröffnete, ein modernes Toleranzverständnis zu entwickeln. Das Toleranzedikt lebt, solange daran angeknüpft wird. Ausgehend von einigen Fixpunkten ist es ein offener und unabgeschlossener Prozess.

Der Katalog dessen, was wir dem Zeitalter der Aufklärung verdanken, ist groß. Vor allem die Erklärung der Menschen- und Bürgerrechte ist für die Gegenwart zu bekräftigen. Auch in Bezug auf die historische Aufklärung müssen wir uns indessen in aufgeklärter

Eklektik üben, zumal die Eklektik selber eine aufklärerische Tugend ist. Diderot schreibt dazu in einen mehrseitigen Artikel in der ‚Enzyklopädie' (1751-65): „Der Eklektiker ist ein Philosoph, der das Vorurteil, die Überlieferung, alles Althergebrachte, die allgemeine Zustimmung, die Autorität, wie alles, was die meisten Köpfe unterjocht, mit Füßen tritt und daher wagt, *selbständig zu denken*, auf die allgemeinen Prinzipien zurückzugehen, sie zu prüfen und zu erörtern, kein Ding anzuerkennen, ohne das Zeugnis seiner Erfahrung und seiner Vernunft, aus allen Philosophien, die er rücksichtslos und unvoreingenommen untersucht hat, eine besondere, ihm eigentümliche *Hausphilosophie* zu bilden."

Aufgeklärte Eklektik versucht heute, das moderne historische Bewusstsein, welches ein gebrochenes, aber nicht abgebrochenes Verhältnis zur Tradition aufweist, mit Geistes-Gegenwärtigkeit, die handlungs- und politikfähig ist, zu verbinden. Dazu passt die Idee eines Toleranzedikts als Stadtgespräch. Dazu passt auch die Minimalformel der Aufklärung, die Daueranspruch erheben darf: *Sapere aude* – habe Mut, dich deines eigenen Verstandes zu bedienen!

In der Demokratie gibt es eine permanente Auseinandersetzung um die Position der Aufklärung, wenn es um die richtige Politik geht. Voltaire, der drei Jahre in England verbrachte, rühmte Handel und Wandel der Engländer, die im damaligen Frankreich in Fesseln lagen. Seine „Letters anglaises" (1743) waren von großer Bedeutung für den Gang der französischen Aufklärung. In seinen Briefen rühmt Voltaire auch die Philosophie von John Locke, dessen Einfluss auf die Aufklärung unterschätzt wird. Es gibt mithin eine englische, schottische, französische, deutsche und andere Varianten von Aufklärung. Viele wären damals am liebsten Holländer gewesen, die als die tolerantesten Europäer galten. Holland übte einen großen Einfluss auf Brandenburg-Preußen aus (Oestreich 2008).

Der Naturrechtslehrer Samuel Pufendorf war ein Kopf der ‚Niederländischen Bewegung'. Sein Traktat ‚De habitu religionis christianae ad vitam civilem' (1687) gehört zur wichtigsten europäischen Protestliteratur gegen die damalige französische Politik der Intoleranz nach der Revokation des Ediktes von Nantes am 18. Oktober 1685. Schon am 29. Oktober wird das Edikt von Potsdam verteilt. Pufendorf empfahl sich mit seiner Toleranzschrift dem Großen Kurfürsten und begab sich 1688 nach Berlin, wo er als Berater wirkte. Sein Schüler, der in Halle lehrende Christian Thomasius (1655-1728), nimmt sodann mit seiner Aufklärung gegen den Hexenwahn Immanuel Kants Wahlspruch ‚Sapere aude' (1784) vorweg. Die frühe Aufklärung konnte noch – von Hobbes' Theorie der absoluten Staatssouveränität (Leviathan 1651) beeinflusst – den absolutistischen Fürstenstaat mit den Anfängen einer Bürgergesellschaft verbinden. Die Aufklärung in Preußen hat viel mit Konversation zu tun, die in Vereinen, Gesellschaften und Zeitschriften gepflegt wurde. Hier wurde die „behutsame Sprache der Vernunft" (Kant) eingeübt und das Urteilsvermögen geschärft (Clark 2007, 293-332). Die ‚Berliner Aufklärung' und das ‚Königsberger Stadtgespräch', von dem Kants ‚Tischgesellschaft' ein Teil war (Manthey 2005:117-170), gehören dazu. Sie geben noch heute Anstöße.

Das neue Toleranzedikt von 2008, getragen von der Bürgerschaft, sollte ein Toleranzedikt im Vollsinne des Wortes werden, denn das alte von 1685 hieß weder ‚Toleranzedikt' noch kommt in ihm das Wort ‚Toleranz' vor. Außerdem waren die Katholiken von diesem Schritt in Richtung Konfessionsfreiheit wenigstens zwischen den Lutheranern und den Französisch-Reformierten ausdrücklich ausgeschlossen, ebenso die Juden und Muslime. Die moderne aufklärungsbedingte Toleranz geht weit darüber hinaus. Sie bezieht sich nicht ‚nur' auf Religionen, sondern ebenso auf die zahlreicher gewordenen Unterschiede in einer liberalen und pluralistischen Gesellschaft, die eine Einwanderungsgesellschaft geworden ist. Der Wert des Einzelnen steht dabei im Zentrum, auch das ‚Grundgesetz' geht vom Einzelnen aus.

Die moderne Toleranz hat mehrere Wurzeln. Infolgedessen hat sie auch mehrere Bedeutungen, die im Gebrauch sind. Wir haben sie im neuen Toleranzedikt als Geduld (Zuhören-Können), Offenheit und die Fähigkeit definiert, mit zunehmenden Differenzen, gerade wenn sie heftig werden, friedlich und demokratisch umzugehen. Diese *Toleranz der Demokratie* ist zwar weich, indem sie Verschiedenes integrieren und zugleich verändern kann, aber sie ist nicht schwach. Das ist zweierlei. Wehrhafte Demokratie ist heute neu zu denken. Identität und Toleranz schließen sich ebenso wenig aus wie Toleranz und politische Entschiedenheit. Diese Kombination zustande zu bringen, ist schwierig. Aber man muss gegen eine Politik des Hasses, aus der Gewalt entsteht, offensiv vorgehen können.

Der Verein ‚Neues Potsdamer Toleranzedikt‘, der 2009 aus ‚Bürgerfreundschaft‘ entstanden ist, hat 2014 die erste bundesweite Kampagne gegen Hasspropaganda im Netz durchgeführt. Toleranzedikt als Stadtgespräch ist mithin ein Versuch, Aufklärung beharrlich und in kleiner Münze fortzuführen. Diese Idee bietet die Chance, eine zusammenhängende Werteorientierung zu entwickeln, in der die größtmögliche Freiheit aller und die Würde der Einzelnen zusammengehen. Angesichts konkreter Herausforderungen bleibt dies eine fortwährende Aufgabe. Es handelt sich um einen *Weg*, der die *Offenheit des Dialogs* mit der *Verbindlichkeit von Werten* und Praktiken, einschließlich einer gemeinsamen Vorstellung von Toleranz, verknüpft.

Das historische Edikt von Potsdam 1685 war ein von A bis Z in 14 Artikeln durchdachtes Einladungsedikt an die verfolgten „Glaubensgenossen", welchem die ‚Peuplierungspolitik‘ folgte. So etwas steht uns heute nicht zur Verfügung. Gegenwärtig sind wir mit einem Abwanderungsproblem und einem Zuwanderungsdefizit in den peripheren Regionen konfrontiert. Die Kommunen haben angesichts der sogenannten Flüchtlingskrise 2015 bis 2017 Erstaunliches geleistet. ‚Help To‘ (2015) war eine Bewährungsprobe für das Toleranzedikt. Weitere stehen der Integrationsgesellschaft noch bevor.

Toleranz schließt Konflikte nicht aus, sondern ein. Nicht nur die Inhalte der Auseinandersetzung sind wichtig, sondern auch ihre *Formen*. Der Umgang miteinander darf in Zeiten, wo der Pranger und die Hexenverfolgung in modernisierter Form zurückgekehrt sind, nicht verrohen. Dabei geht es um die friedliche und demokratische Zivilisierung von Differenzen. An dieser Stelle erhält die Einübung in belastbare Toleranz und zivile Konfliktfähigkeit, auch und gerade an Schulen, einen neuen Stellenwert. Wir Lehrer und Ältere können viel von unseren Schülern und Kindern lernen, wenn wir mit ihnen ins Gespräch kommen und es darum geht, mit den heutigen Zumutungen in einer schleusenfrei gewordenen Mega-Öffentlichkeit des Internets (der unheimliche Beobachter-Gott) umzugehen.

Aufklärung hat mit Wahrnehmen- und Unterscheiden-Können zu tun und mündet – als praktische Philosophie – im Handeln-Können. Bündnisfähigkeit ist heute mehr denn je eine entscheidende Ressource. Aufklärung als Prozess beginnt mit der kooperativen Wissensintegration und endet beim Konsens der Demokraten, wenn er nötig wird („Potsdam bekennt Farbe"). Diese Philosophie stellt sich gegen die Angst und schafft damit eine Selbstsicherheit (buchstäbliche innere Sicherheit) als Bedingung selbstbestimmter Freiheit. Die beharrliche Aufklärung, die nicht so schnell aufgibt, hat ein stoisch-verblüffungsfestes und streitbar-demokratisches Element sowie ein zivilreligiöses Element der Zuversicht: „Wo aber Gefahr ist, wächst das Rettende auch" (Hölderlin).

Literatur:

Potsdamer Toleranzedikt. Für eine offene und tolerante Stadt der Bürgerschaft 2008.

1685/2008 Neues Potsdamer Toleranzedikt 2016.

Christopher Clark, Preußen. Aufstieg und Niedergang 1600-1947, München 2007, 7. Aufl.

Heinz Kleger, Für eine offene und tolerante Stadt der Bürgerschaft. Thesen für das Stadtgespräch, Potsdam 2008.

Heinz Kleger, Toleranzedikt als Stadtgespräch I/II, Potsdam 2010/2013.

Jürgen Manthey, Königsberg. Geschichte einer Weltbürgerrepublik, München/Wien 2005.

Gerhard Oestreich, Justus Lipsius und der politische Neustoizismus in Europa, in: Stoizismus, Bd. 1 (Hrsg. Barbara Neymeyr u. a.), Berlin 2008, S. 575-630.

Die Philosophie des 18. Jahrhunderts, 2 Bde. (Hrsg. H. Holzhey/V. Mudroch), Basel 2014.

Zuerst erschienen in: wir erben. Europa in Brandenburg – Brandenburg in Europa. Hrsg.: Brandenburgische Gesellschaft für Kultur und Geschichte gGmbH, Kulturland Brandenburg, Koehler & Amelang, Potsdam, Leipzig 2018,

Verteidigung für einen Störenfried

Lutz Boede war schon immer ein Störenfried, auch dann, als es Mut brauchte, einer zu sein (in der DDR). Mein Urteil ist befangen, ich weiß es. Ich kenne Herrn Boede vom Fußballplatz (Concordia Nowawes) und zahlreichen Demonstrationen her. Außerdem habe ich seine Arbeit im Stadtparlament verfolgt. Wir begegnen uns häufig als Fußgänger in der Stadt. Ich empöre mich nicht über die vielen empörten Reaktionen alteingesessener, verdienter Potsdamer, die ich gehört und gelesen habe. Ich kenne auch die Liste ihrer Beispiele.

Dennoch oder gerade deswegen möchte ich Herrn Boede und die Entscheidung des Oberbürgermeisters verteidigen. Die Originalität der Wählergruppe ‚Die Andere', nicht nur ihre Plakate, sondern oftmals auch ihre Proteste gegen bestimmte militaristische preußische Traditionen und Entwicklungen in der Stadt gehören zur heutigen liberalen Stadtgesellschaft, die in den letzten dreißig Jahren mühsam und langsam wiedererwacht ist – zum Glück für die Stadt. Dies führte naturgemäß auch zu teils sehr heftigen Konflikten, in denen es mitunter zu (meist verbalen) Entgleisungen kam. Dies muss man aushalten und gleichzeitig widersprechen. Es entschuldigt aber in keiner Weise Gewalt, Drohungen oder Einschüchterungen gegenüber missliebigen Personen. Selbstverständlich überschreiten auch Gottesdienststörungen die Grenzen der Toleranz. Und die vielen anderen, wozu auch ,Mitteschön' und die ,Fördergesellschaft Garnisonkirche' gehören, sollen gerade nicht „das Maul halten", sondern zu Wort kommen, und zwar immer unter Bedingungen, die eine vernünftige Diskussion ermöglichen. Das alles kann nicht deutlich genug gesagt werden.

Die sokratische Tugend des Zuhören-Könnens gehört zentral zu mehr Demokratie wagen. Wenn das Gespräch untereinander nicht mehr funktioniert und die zahlenmäßig (noch) kleinen Extreme sich bewusst, ja kriegerisch (zum Beispiel gegen „Die Babelsberger Zecken") hochschaukeln können durch ihre (Null-)Politik kurzatmiger Provokationen, beginnt tatsächlich die innere Aushöhlung der liberalen Demokratie. Da kann auch eine noch so gute und solide Verfassung nicht mehr weiterhelfen. Der neue Strukturwandel der Öffentlichkeit begünstigt leider solche Prozesse. Dieses Spiel, dass sich gerade in Deutschland und anderen Ländern im Großen abspielt, müssen wir durchschauen und sollten es nicht mitspielen.

Wenn wir zum Beispiel zu einer Demonstration gegen die AfD aufrufen, dann sollten wir sie nicht niederschreien; so machen wir ihr keine Wähler abspenstig, im Gegenteil. Die Demokratie verteidigt man nicht mit undemokratischen Mitteln. Es gibt auch eine wehrhafte Demokratie der Bürgerinnen und Bürger, die darin besteht, dass man wählen geht, wenn es darauf ankommt, im Gespräch bleibt und bündnisfähig wird.

Mit manchen Aktionen von Lutz Boede war und bin ich nicht einverstanden. Ich habe ihn aber auch als konstruktiven Stadtverordneten und sympathischen Menschen erlebt, mit dem man reden und streiten und den man auch überzeugen kann. Lutz Boede war schon im Migrantenbeirat, als dieser noch Ausländerbeirat hieß. Er hat sich um den Integrationspreis gekümmert, an den 1848er Revolutionär Max-Dortu erinnert, auf Probleme in der Ausländerbehörde hingewiesen und sich für die Mitarbeiter des Bergmann-Klinikums eingesetzt. Der diesjährige Neujahrsempfang erinnert an die friedliche Revolution von 1989, die auch eine demokratische Revolution war. Von beiden Revolutionen – 1848 und 1989 – können wir viel und Verschiedenes lernen.

Ich meine, dass die Perspektive und die Erfahrungen von Lutz Boede dazu gehören. Dass wiederum gehört zur Toleranz der Demokratie, die im Unterschied zu anderen politischen Systemen lern- und korrekturfähig bleibt, was freilich seinen Preis hat.

Erschienen in: Potsdamer Neueste Nachrichten, 23. Januar 2019.

Zufluchtsstädte – damals und heute

Die Fluchtgeschichten der Hugenotten im 17. und frühen 18. Jahrhundert werden heute erforscht, und es wird an sie erinnert. Zum Beispiel an die Fluchtrouten von Zehntausenden aus Frankreich über die Calvin-Stadt Genf und die Zwingli-Stadt Zürich nach Norden, auch nach Berlin und Brandenburg, sorgsam und angsterfüllt an den katholischen Kantonen vorbei, oft mit Hilfe von Schleppern. Die Waldenser, die seit dem 13. Jahrhundert schon Protestanten vor der Reformation waren und keine Schutzmächte vorfanden, flohen dagegen in schwer zugängliche Bergtäler. Ihre Gemeinden sind unter großen Bedrängnissen Zufluchtsorte geblieben.

Genf und Amsterdam waren und sind berühmte Zufluchtsstädte. Genf versteht sich noch heute als ‚cité de refuge‘. Als vor ein paar Jahren Menschen aus Ex-Jugoslawien in den Gemeinden Beromünster und Emmen im Kanton Luzern nicht eingebürgert worden sind, was dort auf direktdemokratische Weise geschieht, erklärte sich Genf sofort bereit, diese Menschen aufzunehmen. Amsterdam ist schon seit dem 15. Jahrhundert eine bekannte Zufluchtsstadt (hebräisch: ‚makom‘), deren Geschichte nicht in wenigen Worten erzählt werden kann. Hier sei nur erwähnt, dass Amsterdam mit seinen Fluchtgeschichten Weltgeschichte geschrieben hat – von der Alten Welt eines wenig toleranten Europa in die Neue Welt nach Neu-Amsterdam (New York). In den USA wiederum gibt es seit langem die in Europa wenig bekannte ‚sanctuary‘-Bewegung der Städte, die ebenfalls aus biblischen Quellen schöpft und nicht nur Donald Trump ein Dorn im Auge ist.

Was hat das alles mit Potsdam zu tun? Derzeit sind Mitglieder des Rettungsschiffes ‚Iuventa' wegen Beihilfe zu illegaler Einwanderung in Italien angeklagt, darunter zwei, die in Potsdam wohnen. Die ‚Iuventa' hat Tausende Menschen vor dem Ertrinken gerettet und in sichere Häfen gebracht. Die zivilgesellschaftliche Bewegung ‚Seebrücke' („Schafft sichere Häfen!") hat sich 2018 gebildet, als das Seenotrettungsschiff ‚Lifeline' keinen sicheren Hafen anfahren konnte (zuvor schon die ‚Aquarius', derzeit ‚Sea-Watch 3'). Diese Organisationen machen zurecht auf den Bruch geltenden Völkerrechts und deklarierter Menschenrechte durch eine inhumane Flüchtlingspolitik aufmerksam, auch hier in Potsdam.

In einem Beschluss der Stadtverordnetenversammlung hat die Stadt deshalb erklärt, sich aktiv für die Seenotrettung im Mittelmeer einzusetzen. Auf Druck der ‚Seebrücke'-Proteste sind bislang 32 Städte bereit, Flüchtlinge, die aus Seenot gerettet worden sind, aufzunehmen. Auch Potsdam hat sich zum ‚sicheren Hafen' erklärt. Sichere Häfen sind heute demokratische Häfen. Sie wirken wie Inseln im Meer. Schon 2015 bis 2017 hätten die 160.000 Flüchtlinge in Verbindung mit einer finanziellen Unterstützung durch die EU auf bereitwillige Städte überall in Europa verteilt werden können. Dies entspricht dem demokratischen Prinzip der Subsidiarität, dem wiederum eine bürgerschaftliche Solidarität in kleineren Einheiten (zum Beispiel offene Städte) vorausgeht. Die sogenannte europäische Flüchtlingskrise, die noch immer schwelt, beweist, dass wir nicht viel weitergekommen sind bei der schwierigen, aber pragmatisch lösbaren Verknüpfung von Toleranz, Demokratie und Solidarität.

Geschrieben März 2019, veröffentlicht anlässlich der Verleihung des Max-Dortu-Preises 2019 in: Potsdamer Neueste Nachrichten, 22. Juli 2019.

Brandenburg in Europa – Europa in Brandenburg.

Einige Gedanken zu den kommenden Wahlen

2018 war das Jahr des europäischen Kulturerbes, 2019 wird das Jahr der Europawahlen sein. Das Konzept des Kulturtransfers sollte sichtbar machen, was uns als Europäer ausmacht. ‚Kulturland Brandenburg' hat sich 2018 dieser Initiative angeschlossen mit einer Vielzahl von Veranstaltungen[1], beginnend mit der Auftaktveranstaltung im Kloster Neuzelle, welches 750 Jahre alt geworden ist. Die Zisterzienser waren im damaligen Europa die Pioniere der Landwirtschaft. Brandenburg ist als Transitland mehr als jede andere Region durch europäische Einflüsse aus allen Himmelsrichtungen geprägt. Jean Monnet, der Urheber des Schuman-Plans und einer der Gründerväter der EU sagte einst, wenn er noch einmal von vorne anfangen könnte, würde er mit der Kultur beginnen.

Nach den schrecklichen Verwüstungen des 30jährigen Krieges wurde Brandenburg durch das ‚Edikt von Potsdam' (1685) ein Einwanderungsland. Nach 1945 war jeder Vierte ein Vertriebener oder Flüchtling. Dieses Zusammenleben Verschiedener war keineswegs immer und überall erwünscht. Integration in Freiheit und sozialem Frieden kann nicht verordnet werden, sie ist ein langer und mühevoller Prozess, der auch scheitern kann. Im Nachhinein sieht man

---

1 Siehe: Wir erben. Europa in Brandenburg - Brandenburg in Europa, Leipzig 2018.

jeweils nur die erfolgreichen Ergebnisse, von denen wir noch immer profitieren, ja mit denen wir sogar für uns werben. Der europäisch-brandenburgische ‚Geist des Toleranzedikts' ist nicht idealistisch, sondern pragmatisch und lösungsorientiert. Das muss auch heute so sein. Unter modernen Bedingungen versucht ein neues Toleranzedikt (2008), die mehrdeutige Toleranz für ein vielfältiges Zusammenleben in Freiheit zu nutzen sowie das Nicht-Tolerierbare klar zu benennen und politisch zu bekämpfen. Dafür ist die kommunalpolitische Verankerung des Handlungskonzepts ‚Tolerantes Brandenburg', welches 1998 in der Potsdamer Nikolaikirche gegründet worden ist, eine Voraussetzung.

Die Städte bilden die Anker und Knotenpunkt in den verschiedenen Regionen. Nach Zerfall und Wiederaufbau finden wir hier ein europäisches Kulturerbe besonderer Art, und zwar sowohl in der baulichen wie in der bürgerschaftlichen Substanz. Im Städtenetzwerk ‚Städte mit historischen Stadtkernen', das es seit 1992 gibt, wird es gepflegt, nicht nur in Potsdam, auch in Brandenburg an der Havel, Luckenwalde, Beeskow, Dahme, Beelitz, Perleberg und vielen anderen Orten. Insgesamt sind es 31, die von Bund und Land unterstützt werden und – neben Landschaften und Dörfern – das Gesicht von Brandenburg prägen. Das Paradigma ‚Europäische Stadt' bedeutet auch kommunale Selbstverwaltung. Hier *beginnt* die Demokratie, hier hört sie aber nicht auf. Dafür braucht es Personal, Kompetenz, Zeit und Begegnungsorte, zu denen neue Beteiligungsformate einladen können. Die Parteien allein sind zu schwach. Zivilgesellschaftliche Vereine und Einzelpersonen müssen einspringen und das Mächtedreieck ‚Politik, Verwaltung und Bürgerschaft' so gestalten, dass das Politische als verantwortungsvolle Teilhabe nicht verloren geht.

Von hier aus findet die Vorstellung des Staatsbürgers eine Ausweitung hin zu einer europäischen Bürgerschaft *trans-* und *sub*national. Das ist eine Identität mit mehreren Bezügen, sie ist nicht identitär, sondern komplex, zivil und demokratisch. Offene Städte, Städtepartnerschaften und Städtenetzwerke befördern seit je diese Entwicklung. Inzwischen gibt es 167 solcher Partnerschaften in Brandenburg, davon 64 mit Polen und 29 mit Frankreich. Ihr Austausch ist lehrreich für alle Politikbereiche, insbesondere für Fragen und Probleme der Ökologie, der Integration, Wirtschaft, Bildung und Verwaltung. Die kommenden Wahlkämpfe im Mai und September hängen miteinander zusammen, denn die Ebenen ‚kommunal', ‚regional', ‚Bund'/‚Nation' und ‚europäisch' lassen sich nicht unabhängig voneinander denken. Das ‚Europa der Bürger' von unten, die Zivilgesellschaft als Praxis, ist grenzüberschreitend – transregional und transnational – in Bewegung und kann einiges bewirken.

Wie aber steht es um das ‚Europa der Regierungen'? Seitdem Grundrechte- und Verfassungsprozess anfangs des neuen Jahrtausend, der schließlich im Lissabon-Vertrag 2007 ‚erfolgreich scheiterte', ist die EU nicht vorangekommen, im Gegenteil. Die sogenannte Flüchtlingskrise 2015 war eine Krise der EU. Bis heute gibt es keine einheitliche Flüchtlingspolitik. Die Risse der Union haben sich vergrößert, nicht nur zwischen dem Norden und dem Süden während der Euro-Krise 2011, sondern sukzessive auch vor unserer Haustür zwischen West und Ost. Es gilt also aufzupassen, dass 2019 im Gefolge des Brexit nicht der Anfang vom Ende wird, zumal starke politische Kräfte darauf hinarbeiten. Erst kürzlich hat der italienische Innenminister Salvini in Warschau verkündet, dass es ein „populistischer Frühling" werden wird.

Wie kann angesichts dessen Europa noch eine *Zukunft* bieten? Politische Nostalgie, die im Schwange ist, hilft nicht weiter. Die 27 Mitgliedstaaten müssen als Nationalstaaten begreifen, worin für sie die Vorteile *transnationaler* Solidarität liegen. Eine „tatsächliche Souveränität Europas" (Macron) hinsichtlich der wichtigsten Herausforderungen, die nur gemeinsam gemeistert werden können, ist notwendig. Globalisierung und Digitalisierung sind keine Naturgewalten, sie können demokratie- und sozialverträglich gestaltet werden. Dabei geht es nicht um ein Europa *der* Regionen und Nationen, sondern um ein Europa *mit* den Regionen und Nationen. Die Präfixe ‚trans-', ‚sub-', ‚supra-' und ‚post-' (zeitlich ‚nach') bezeichnen unterschiedliche Realitäten. Die EU ist ein supranationales Gebilde eigener Art, welches mit verschiedenen Nationalstaaten grenzüberschreitend (trans) zusammenarbeitet. Die heterogene regionale Ebene (sub) ist dabei ebenfalls zu stärken, wenn uns ein differenziertes und vielfältiges Europa vorschwebt, das bestenfalls eine mehrstufige Demokratie sein kann.

Die Trias ‚Recht, Toleranz und Solidarität‘ in der Präambel der europäischen ‚Brandenburger Verfassung‘ (1992) könnte dabei das gemeinsame normative Narrativ sein, denn Europa ist eine ‚Rechtsgemeinschaft‘, seine „Seele ist die Toleranz" (Merkel), die allerdings mit der Solidarität zu verknüpfen ist, was schwerfällt. Die zivile Tugend der Toleranz ist eine Bedingung für die vielfältige Freiheit, aber die für den gesellschaftlichen Zusammenhalt notwendige Solidarität ist nicht automatisch eine Konsequenz der Toleranz. Außerdem gibt es verschiedene Konzeptionen der Solidarität (katholische, sozialistische, republikanische). Die moderne Solidarität ist primär freiwillig und sekundär verrechtlicht, sie geht über Großzügigkeit hinaus. Die gleichwertigen (nicht gleichen) Lebensverhältnisse sind vor allem eine Hausaufgabe für die solidarische Bundesrepublik mit ihren 294 Landkreisen. Ein Land-Soli für die finanzschwachen Kommunen vor allem in Ostdeutschland, aber nicht nur, ist denkbar. Ebenso ist die buchstäbliche Ost-West-Angleichung zumindest in Bezug auf Löhne, Arbeitszeiten und Rente überfällig.

Der französische Staatspräsident Macron hat in seiner berühmten Rede an der Sorbonne am 26. 9. 2017 nicht weniger als eine „Neugründung Europas" gefordert und einen Fahrplan bis 2024 vorgelegt. Die Antworten der Bundesregierung blieben bisher zurückhaltend und vage, obwohl der verhinderte Außenminister Martin Schulz, der das Europakapitel der Großen Koalition geschrieben hat, 2017 noch einmal das große institutionelle Experiment von 2002/03 mit dem Verfassungskonvent unter Einbeziehung der Zivilgesellschaft wiederholen wollte. Diese Beschwörungen eines souveränen Vereinigten Europa (‚Europe first‘) waren auch Reaktionen auf Trumps ‚America first‘. Was ist von den großen Reden geblieben? Eine europäische Symbol-Armee oder doch mehr? Der ‚europäische Finanzminister‘ klingt zudem nach französischem Regieren von oben, dem die Basis von unten fehlt.

Ob es zu einer ‚europäischen Wirtschaftsregierung‘ und einer ‚Transferunion‘ kommen soll, ist ökonomisch wie politisch umstritten. Macron und Schulz wollen wenigstens etwas, wenngleich vielleicht zu viel zum falschen Zeitpunkt. Was aber kann und soll unterhalb dieser grundsätzlichen visionären Ebene in der Wirtschafts-, Migrations-, Außen- und Sicherheits-, Sozial- sowie Klima- und Energiepolitikpolitik konkret geschehen und wie? Darüber wird in den nächsten Monaten im Parteienwettbewerb zu streiten sein, damit sich die Bürgerinnen und Bürger ein Bild von europäischer Politik machen können, die möglich und nötig ist. Dabei geht es nicht um die „Abschaffung Deutschlands" (Meuthen) oder eine „Neuordnung" Brandenburgs à la AfD. Beide sind in den letzten 30 Jahren neu entstanden und niemand, der mit offenen Augen durchs Land geht, wird sagen, sie hätten sich zum Schlechteren entwickelt. Handlungsbedarfe gibt es freilich immer.

Das neue Bundesland Brandenburg war von Anfang an in das EU-(‚Förder‘)-System eingebettet. Europa ist deshalb in Brandenburg sichtbar, und zwar nicht nur von der Geschichte her, sondern aktuell in der lebendigen Gegenwart. Denn tausend Projekte profitieren von der EU (EFRE seit 1991, ELER für ländliche Räume,

ESF als Sozialfond). Zusätzliche Unterstützung erfahren die brandenburgisch-polnischen Grenzregionen. Nach 2021 werden Berlin und Brandenburg nicht mehr Zielgebiet Nummer 1 der Förderung sein, weil sich Ostdeutschland im EU-Vergleich gut entwickelt hat. Auch der Brexit wird auf die Neuverteilung der Gelder einen Einfluss haben. Wie es weitergeht, wird auf der EU-Ebene entschieden. Überall ist es wichtig, dass das gemeinsame Projekt Europa vor allem in den Regionen einen Rückhalt findet und nachhaltig spürbar wird. Die EU ist für Deutschland und die ostdeutschen Bundesländer eine Erfolgsgeschichte. Dazu kommt die historische EU-Osterweiterung 2004, die zurecht mit dem Friedensnobelpreis geadelt worden ist: Die „Oder als Grenzfluss verleiht Brandenburg seine Weite und hält Polen in Europa fest" (Rada).

Die Europawahlen werden diesmal tatsächlich weichenstellend für die weitere Entwicklung sein. Für die Brandenburger Wahlen spielt außerdem eine Rolle, dass die gemeinsame Planung mit Berlin nicht nur europa-politisch, sondern auch in Bezug auf drängende Probleme wie Verkehr, Wohnen, Bauen und Infrastruktur im rasant wachsenden Umland besser werden muss. Die drei Landtagswahlen in Ostdeutschland werden darüber hinaus einen Effekt auf das gesamte Parteiensystem und die künftigen Strategien der Parteien haben. Wahrscheinlich wird es zu neuen Regierungskoalitionen kommen. Den bodenständigen Politikerinnen und Politikern in Brandenburg, Sachsen und Thüringen muss es gelingen, AfD-Wähler für ihre Parteien zurückzuholen und vor allem die zahlreichen Nichtwähler, die sich von der Politik verabschiedet haben, zu erreichen. Das Bedürfnis, sich auszusprechen, ist groß. Dafür muss man sich Zeit nehmen. Die Kommunalwahlen sind schließlich wie immer ein Gradmesser für die bürgerschaftliche Demokratie, die nicht wegbrechen darf. Demokratische Auseinandersetzungen sind anstrengend, wir sollten uns alle irgendwo und irgendwie daran beteiligen, wenn wir nicht zu Zuschauer-Bürgern werden wollen.

(unveröffentlicht März 2019)

Zur Zukunft der Parteiendemokratie. Vor den Wahlen 2019.

Ein Kollaps des Parteiensystems steht Deutschland nicht bevor, so wie kürzlich in Frankreich oder vor längerer Zeit in Italien. Aber es ist Einiges in Bewegung geraten und Vieles offen. Die Volatilität der Parteienpolitik ist hoch. Die Grünen sind gegenwärtig die Enthusiasten der Politik, die „das Gute mit Affekt" tun (Kant). Sie haben Rückenwind, auch wissenschaftlichen („Heißzeit"), gerade in Potsdam, einem Zentrum der Klimaforschung, welches zu schnellem und konsequentem Handeln aufruft. Das möchten die Grünen mit spürbarer Lust auch in demokratischer Regierungsverantwortung tun. Diese Frische ist den anderen Parteien und ihrem Personal nicht anzumerken.

Die Großkoalitionäre suchen inzwischen ein eigenes Profil: die SPD mit einer neuen Sozialstaatsagenda (Grundrente, Mindestlohn, Bürgergeld); die CDU mit einem härteren Kurs in der Flüchtlingspolitik. Insbesondere die SPD, die im Umfragetief liegt, fragt sich, was haben die Grünen, was wir nicht haben? Die heutigen Grünen sind nicht nur grau und erwachsener, sie sind auch jünger und frischer geworden. Mit zwei Worten: Sie sind radikal *und* staatstragend. Damit sind sie auf dem Weg zur Volkspartei, so wie früher die SPD unter Willy Brandt, die alle Schichten und Themen umfassen konnte. Diese SPD integrierte viel und schaute trotzdem auf die

Jüngeren, die sich Ende der 6oer Jahre einen Aufbruch erhofften. *Partei* ging zusammen mit *Bewegung*, so wie heute die Grünen sichtbar sind beim Hambacher Forst oder in der Kohleregion Lausitz.

Alle Parteien setzen in diesem Jahr konsequent auf ostdeutsche Themen, die sie lange vernachlässigt haben. Vieles, was überfällig ist – Angleichung bei den Löhnen, Renten und Arbeitszeiten –, soll nun endlich nachgeholt werden, selbst mit Quoten. Ob damit auch die große Zahl der Nichtwähler erreicht werden kann, ist fraglich, wovon allerdings viel abhängen wird. Die SPD wird in Brandenburg Verluste einfahren, so viel scheint schon sicher. Dennoch könnte es noch einmal reichen, knapp stärkste Kraft zu werden, was der Ehrgeiz insbesondere der CDU ist. Zum ersten Mal seit 30 Jahren hat sie reale Chancen, mit Ingo Senftleben den neuen Ministerpräsidenten zu stellen, während der gegenwärtige, eher glücklos agierende Ministerpräsident Woidke immer noch der bekannteste Politiker im Land ist, was ein Plus für die SPD bedeutet. ‚Die Linke' meinte immer, die bessere Sozialdemokratie zu sein. Diesen Rang könnte ihr eine solide Sozialdemokratie wieder ablaufen, was zu einem späteren Zusammenschluss mit den pragmatischen Linken in Ostdeutschland (nach dem Abgang von Wagenknecht/Lafontaine) führen könnte, was nur zu empfehlen wäre. Selbst für die CDU ist eine Koalition mit einer zuverlässigen Linken inzwischen möglich. Mit den Grünen wird es schwieriger, aber nicht unmöglich. Wahrscheinlich wird es eine neue Dreier-Koalition geben, offen bleibt indes unter welcher Führung und in welchen Farben. Spannend bleibt auch, wie stark die AfD werden wird, wie viele Protestwähler sie mit welchen Themen mobilisieren kann. Sie erhofft sich mehr als 20 Prozent, was ihr ein erfolgreicher Wahlkampf vor allem auf kommunalpolitischer Ebene bringen könnte. Vor allem in der Fläche und in den Dörfern sind die Parteien schwach. Allerdings kann sich die AfD als bürgerlich-konservative Kraft nicht mehr glaubwürdig darstellen mit Führungsfiguren wie Andreas Kalbitz und nach den Austritten von Steffen Königer und Sven Schröder.

Der schwierige Strukturwandel in der Lausitz und die gemeinsame Landesplanung mit Berlin wird alle Parteien, die regieren wollen, wieder neu und intensiv beschäftigen müssen. Das ist sicher. Die CDU war in Brandenburg nie besonders stark, und die SPD scheint inzwischen erschöpft zu sein, die Linke ebenso, die zudem noch wichtige Mitglieder verloren hat. Die Mindestdurchdringung der Gesellschaft durch demokratische Parteien ist in Ostdeutschland nicht vorhanden, an vielen Orten sind sie gar nicht präsent. Die Nicht-Wählerschaft, die sich von der Parteienpolitik abgewandt hat, ist nicht nur groß, sie ist zu groß für eine Parteiendemokratie mit Zukunft.

Umso wichtiger ist ihre *Öffnung* und interne Demokratie ebenso wie die Bildung von *Allianzen* mit Bewegungen in der Zivilgesellschaft. Die diversen Formen der Bürgerbeteiligung müssen ein verstärktes Anliegen der demokratischen Parteien selber sein, damit die verfassungsdemokratische Bürgergesellschaft aktiver und zahlreicher wird. Ein wichtiger Teil davon sind die Kinder und Jugendlichen, die schon ab sechzehn Jahren wählen können. Sie müssen frühzeitig die Demokratie erleben können, an Schulen wie außerhalb. Die Bürger- und Jugendbeteiligung darf kein Lippenbekenntnis bleiben, wenn die Demokratie eine Zukunft haben soll.

Die Parteien sind in der deutschen Parteiendemokratie verfassungsrechtlich privilegiert und unverzichtbar, indem sie für Teile des Volkes (‚partes‘) sprechen und Politik als ‚Interessentenbetrieb‘ organisieren. Sie sind Organisationen mit ideellen Motiven und einem Programm. Damit sind sie Teil der ‚plebiszitären Demokratie‘ in einem spezifischen Sinne, indem sie vor allem als ‚Volksparteien‘ eine populäre (nicht populistische) Verbindung zum Volk über *inhaltliche* (und nicht nur formale) Repräsentation (in der repräsentativen Wähler- und Parteiendemokratie) aufrechterhalten *müssen*. Ansonsten kommt es zum Kollaps des Parteienstaates. Für die Bürgerdialoge müssen sie sich Zeit nehmen. Diese sind keine Audienzen oder nur Wahlkampfinstrumente. Die direkte Demokratie sollte zudem auf allen Ebenen mehr zum Zuge kommen. Die ‚Freien Wähler‘ haben es vorgeführt. Die Parteien sind historisch „Kinder der Demokratie" (Max Weber) im doppelten Sinne des Wortes: Sie kommen und gehen, sie entzweien und verändern sich. Für das demokratische Regieren müssen sie innovations- und kompromissfähig bleiben und selber ein Vorbild für die sich entwickelnde Demokratie der Bürger/Innen werden.

(unveröffentlicht, März 2019)

Die drei großen T's – Talente, Technologien und Toleranz gelten noch immer.

Die internationale Arbeitsteilung zwingt die westlichen Länder dazu, neue Potentiale, vor allem ‚wissensbasierte Rohstoffe' zu aktivieren. In diesem Zusammenhang gewinnen die drei große T's der Kreativwirtschaft – Talente, Technologien und Toleranz –, die der Stadtsoziologe Richard Florida seit 2002 in Umlauf gebracht hat, eine große Relevanz[1]. Es entsteht eine neue Geografie der ‚kreativen Klasse', wobei dies ein problematischer Begriff ist. Das gilt gerade für Potsdam als Silicon-Sanssouci mit Hasso-Plattner-Institut, Oracle und VW-Design. Potsdam kann und muss als Wissenschaftsstadt auf wissensbasierte Unternehmensgründungen setzen, was es auch zunehmend erfolgreicher tut, nicht zuletzt dank der Universität. In Golm entsteht gerade viel Neues.

Die Wertewandelforschung belegt, dass seit Mitte des 20. Jahrhunderts die gesellschaftsweite Rolle der Kreativität gewachsen ist. Kreativität wird hier sowohl ökonomisch, technologisch als auch kulturell verstanden. Nicht nur die Künstler sind allerdings die Kreativen. Es geht um ein breites Spektrum von Berufen und zahlreiche Tätigkeiten. Jeder Mensch hat kreatives Potential, das geweckt und entwickelt werden kann. Hierbei kommt der Bildung eine besondere Rolle zu. Allerdings müsste noch mehr über Inhalte

1 Siehe zum Beispiel: Talente, Technologien und Toleranz – wo Deutschland Zukunft hat (hrsg. vom Berlin-Institut für Bevölkerung und Entwicklung), Berlin 2007.

gesprochen werden und darüber, für was und für wen die Kreativität gut sein soll. Darüber hinaus muss sich die tolerante Umgebung auch ins Innere der Schulen, Unternehmungen, Institute und Behörden erstrecken, wenn aus dem geforderten Aufbruch kein unerträglicher Nachholungsdruck werden soll. Hierbei würden die Menschen ihre Souveränität und Würde verlieren. Globalisierung und Digitalisierung sind keine Naturgewalten, sie können sehr wohl demokratisch und sozialverträglich gestaltet werden. Dafür braucht es aber Zeit, Räume und Mitbestimmung. Die Menschen müssen frühzeitig mitgenommen werden und nicht immer vor vollendete Tatsachen gestellt werden.

Im neuen Toleranzedikt (2008) haben wir geschrieben, dass nur eine kreative Stadt Kreative anzieht. Seit jeher gibt es einen Zusammenhang zwischen vitalen Städten und Kreativität. Mit der wirtschaftlichen und gesellschaftlichen Bedeutung der Kreativität wächst deshalb auch die Bedeutung der toleranten Stadt und ihrer Umgebung. An dieser Stelle sind noch bessere Kooperationen zwischen den Hochschulen und der Stadt in vielerlei Hinsicht möglich. Die Idee der toleranten Stadt verengt jedoch das Verständnis von Kreativität nicht auf Kreativ-, Kultur- und Medienwirtschaft, die ökonomische Werte schaffen. Als demokratische ‚Polis‘ ist sie Entstehungsort von Politik im Sinne von ‚civic creativity‘, das heißt: sie erfindet sich als Beteiligungskommune zusammen mit den Bürgerinnen und Bürgern neu. Die Strukturen, die es dafür schon gibt: Bürgerhaushalt, Stadtforum, lokale Agenda, Werkstadt, Beteiligungsrat sind deshalb besser miteinander zu verzahnen.

Und die Räte: der Migrantenbeirat, der Seniorenbeirat, der Behindertenbeirat u. a. müssen ernstgenommen und besser beteiligt werden.

Eigensinn und Toleranz sind Geschwister und sollten es bleiben. Dies gilt für die Stadt wie die ganze Region. Berlin und Brandenburg entwickeln zusammen einen gemeinsamen Landesplan, dessen neueste Fassung die CDU von Ingo Senftleben kündigen möchte, weil die berlinfernen Kommunen zu wenig zum Zuge kommen und damit die Zweiteilung Brandenburgs in ‚Speckgürtel‘ und periphere Regionen vertieft wird. Das ursprüngliche Konzept der dezentralen Konzentration seit 1996[2], wobei die Mittelstädte Entwicklungsimpulse an die Peripherie weitergeben, sollte gerade diese Spaltung verhindern, ist aber gescheitert. Es ist inzwischen durch das Konzept ‚Die Stärken stärken‘ ersetzt worden. Dieses konzentriert sich auf die regionalen Wachstumskerne, die aus fünfzehn Städten und Städteverbünden bestehen. Sie sollen vorrangig gefördert werden, was von der ‚Gießkanne‘ wegführt mit dem Ziel, die Wettbewerbs und Innovationsfähigkeit der Unternehmen zu verbessern. Die berlinfernen Räume stehen nicht im Vordergrund.

Es ist nun kein Zufall, dass diese Grundsatzdebatte vor den Wahlen 2019 wieder aufbricht. Jede Partei, die in Berlin-Brandenburg regieren will, muss sich ihr stellen. Selbstverständlich müsste auch die Bevölkerung sehr viel breiter in diese Diskussion einbezogen werden.[3] Berlin-Brandenburg ist eben nicht nur eine ‚Hauptstadtregion‘, sie ist eine ‚grüne Metropolenregion‘ eigener Art. Diese

---

2 Vgl. Heinz Kleger, Metropolitane Transformation durch urbane Regime. Berlin-Brandenburg auf dem Weg zu regionaler Handlungsfähigkeit, Amsterdam 1996.
3 Vgl. Heinz Kleger (Hg.), Gemeinsam einsam: Die Region Berlin-Brandenburg, Münster 2001.

Aussicht sollte sich nicht nur auf die Parteien, sondern auch auf die Bürgerbeteiligung auswirken, denn die berlinfernen Kommunen kommen bisher zu kurz, nicht zuletzt deswegen, weil sich großer akuter Handlungsdruck rund um Berlin bei den rasant wachsenden Städten wie Potsdam, Teltow, Falkensee u. a. ansammelt. Auch diesbezüglich muss man über eine bessere Koordination der Verkehrs-, Wohnungs- und Infrastrukturprobleme mit Berlin nachdenken.

Mit einem neuen Strategiepapier will nun die regierende SPD neue Trends setzen, was freilich nur zusammen mit Berlin geht. Das Zauberwort lautet ‚Innovationskorridore‘, die schnell Innovationen in alle (Teil-)Regionen bringen sollen.[4] Ein Innovationskorridor wäre beispielsweise der Biotech-Campus Berlin-Buch entlang der Bahn- und Autobahnstraße in Richtung Eberswalde, der nach Schwedt und sogar ins polnische Stettin weiterführen könnte. Ein anderer Innovationskorridor könnte von der Wissenschaftsstadt Berlin-Adlershof über Wildau Richtung Cottbus und Dresden gehen. Im Zentrum dieser Innovationskorridore stehen ‚Innovationsparks‘ in Gestalt von Hochschulen. Der Fokus soll auf Wohnen, Arbeiten und Mobilität liegen. Entlang der Bahnstrecken werden preisgünstige Wohnungen gebaut. Ein ‚Korridormanagement‘ soll die Akteure vernetzen und Standortmarketing betreiben, damit neue *handlungsfähige* Akteurs-Konstellationen entstehen. In den Korridoren wird selbstverständlich der Mobilfunk mit den neuesten Netzen ausgebaut. Zudem sollen die Bahnstrecken besser getaktet werden. Ziel ist es, möglichst schnell von und nach Berlin zu kommen.

---

4 Die Beispiele entnehme ich dem Artikel „Leuchtkraft fürs Land“, Märkische Allgemeine, 4. März 2019, S. 7.

Man kann nicht sagen, dass dieses Konzept gänzlich von der Konzentration auf die ‚Hauptstadtregion‘ Abschied nimmt. Vieles davon ist bereits in der verabschiedeten Digitalisierungsstrategie enthalten. Eine Voraussetzung bleibt freilich Brandenburg als weltoffene und *einwanderungsfreundliche* Region, woran das Handlungskonzept ‚Tolerantes Brandenburg‘ nach den schlimmen Vorfällen anfangs der 90er Jahre seit 1998 – heute ergänzt um das ‚Bündnis für Brandenburg‘ – kontinuierlich arbeitet. Im Vergleich zu den 90er Jahren hat sich die Situation deutlich verbessert, sie ist aber noch nicht so gut und konsolidiert, dass man sich beruhigen könnte. Dazu geben die neuesten Vorfälle in Cottbus keinen Anlass. Manche sagen sogar, die sogenannte ‚Willkommenskultur‘ sei ein Mythos, obwohl es viele Willkommensinitiativen auch in Brandenburg gegeben hat. Das Strategiepapier der SPD formuliert unmissverständlich, wenn ein Element der Trias ‚Talente, Technologie und Toleranz‘ fehlt, dass dann auch das Wachstum, die Innovationen sowie die daraus resultierenden Perspektiven auf Arbeitsplätze gefährdet sind. Die *weiche* Toleranz ist zu einem *harten Standortfaktor* geworden, was immer noch weithin unterschätzt wird.

(unveröffentlicht, März 2019)

Herstellung und Verlag:
BoD – Books on Demand, Norderstedt
ISBN: 978-3-7494-8410-2